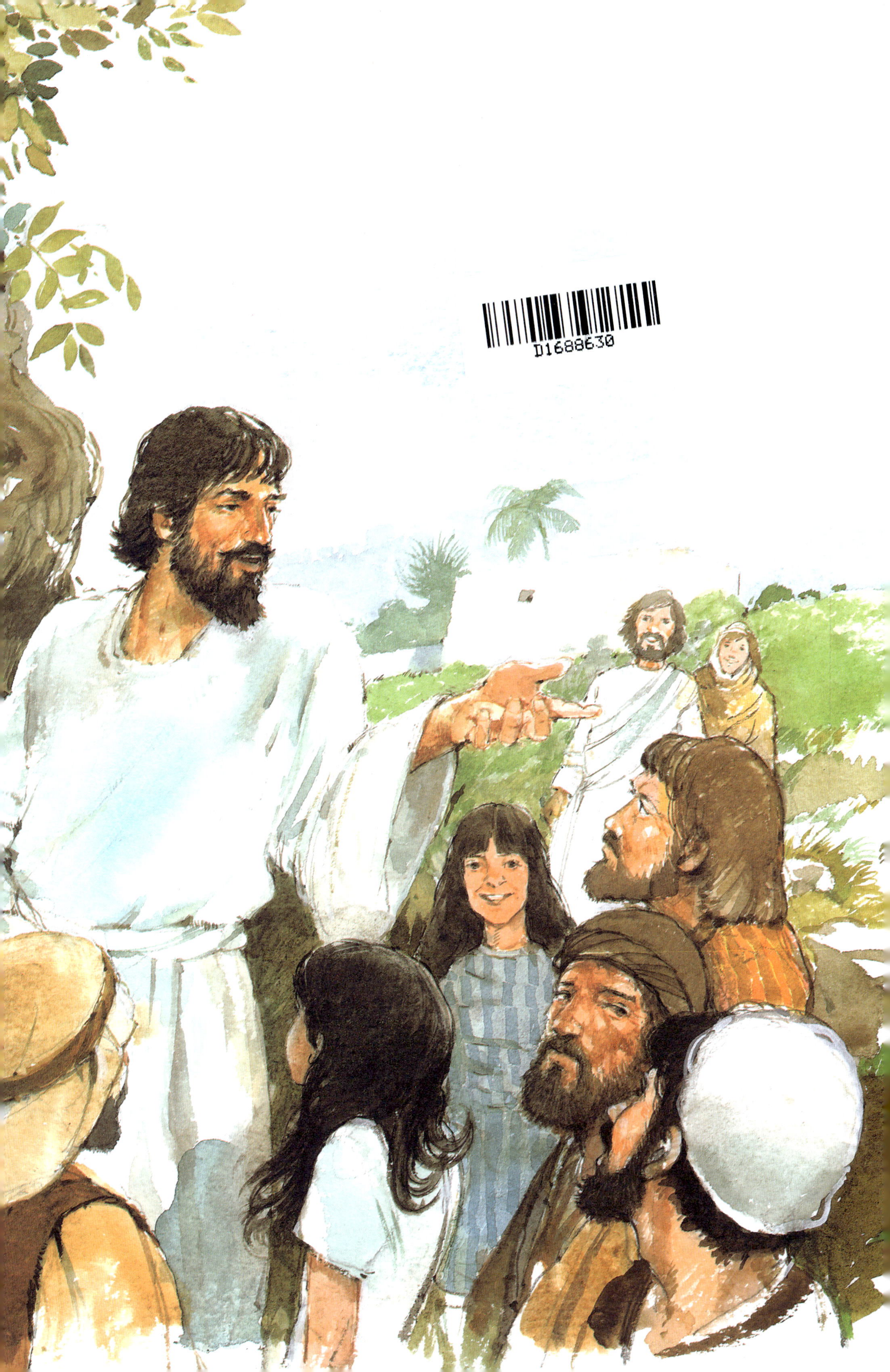

Alle Rechte vorbehalten
Originaltitel »Stories from the Bible«, erstveröffentlicht 1995 von Brimax
Books Limited, 4/5 Studlands Park ind. Estate, Newmarket, Suffolk,
CB8 7AU, England, © 1995 Brimax Book Limited
Aus dem Englischen von Ulrike Müller-Kaspar
Copyright © der deutschsprachigen Ausgabe 1996 by Tosa Verlag, Wien
Printed in France

BIBELGESCHICHTEN FÜR KINDER

Illustriert von Tony Morris

tosa

EINLEITUNG

Dieses Buch enthält einige Geschichten aus der Bibel, die vor allem Kindern beim Lesen Freude bereiten.

An der Bibel wurde von vielen Menschen viele hundert Jahre lang geschrieben. Sie ist ein wichtiges historisches Zeugnis und das berühmteste aller Bücher.

Hunderte von Geschichten enthält die Bibel. Sie hat zwei Hauptteile: das Alte Testament und das Neue Testament.

Das Alte Testament wurde ursprünglich in Hebräisch geschrieben. Es erzählt die Geschichte des jüdischen Volkes. Das Neue Testament wurde ursprünglich in Griechisch geschrieben. Es erzählt die Geschichte von Jesus.

INHALT

Die Erschaffung der Welt	8
Noahs Arche	14
Moses	28
David und Goliath	54
Daniel in der Löwengrube	70
Jona und der Wal	88
Die Geburt von Jesus	102
Das Leben von Jesus	120

DIE ERSCHAFFUNG DER WELT

Vor vielen Millionen Jahren herrschte überall Dunkelheit. Es gab keine Erde und keinen Himmel. Es gab keine Meere, keine Pflanzen, keine Tiere und keine Menschen.

Am Anfang schuf Gott Himmel und Erde. Gott sagte: »Es werde Licht«, und es wurde Licht. Gott trennte das Licht von der Dunkelheit und nannte das Licht Tag und die Dunkelheit Nacht. Dieses war der erste Tag.

Dann schuf Gott die Meere und die Luft und das trockene Land. Und Gott befahl, daß die Erde Gräser und Bäume und Blumen aller Art hervorbringen sollte. All dies dauerte drei Tage.

11

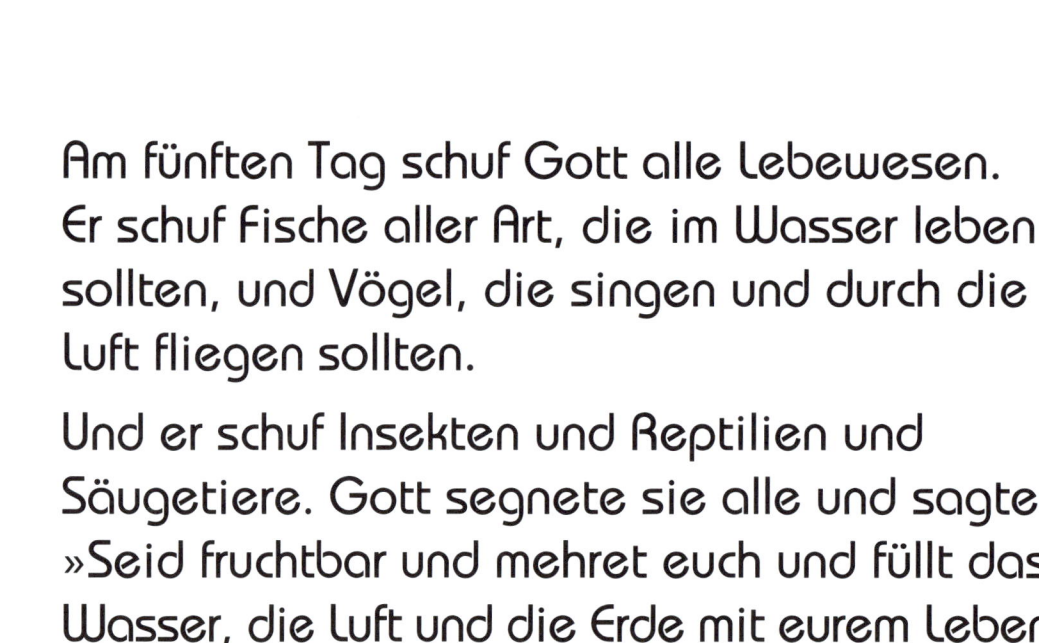

Am fünften Tag schuf Gott alle Lebewesen. Er schuf Fische aller Art, die im Wasser leben sollten, und Vögel, die singen und durch die Luft fliegen sollten.

Und er schuf Insekten und Reptilien und Säugetiere. Gott segnete sie alle und sagte: »Seid fruchtbar und mehret euch und füllt das Wasser, die Luft und die Erde mit eurem Leben.«

Dann schuf Gott Mann und Frau nach seinem eigenen Bild und segnete sie beide.

Gott hatte nun sechs Tage lang schwer gearbeitet. Er war zufrieden mit allem, was er geschaffen hatte. Am siebten Tag ruhte er, und er segnete diesen besonderen Tag.

Noahs Arche

Vor langer, langer Zeit lebte ein alter Mann, der hieß Noah. Er war ein guter Mann, der Gott liebte. Eines Tages begann Noah Bäume zu fällen und Bretter daraus zu sägen. Viele Menschen sahen ihm zu und fragten sich, was er vorhatte.

Noah hatte niemandem gesagt, warum er das Holz fällte. Auch seiner Frau und seinen Söhnen nicht. Endlich, nach vielen Tagen, sahen sie, daß er ein sehr großes und starkes Schiff baute.

»Gott hat mir befohlen, eine Arche zu bauen«, erklärte Noah seiner Frau. »Er wird Regen schicken, der das ganze Land bedeckt. Sein Volk ist gottlos geworden, und deshalb sollen alle Lebewesen sterben. Wir aber sollen mit unseren Söhnen und ihren Kindern die Arche besteigen und von jedem Tier ein Paar mit uns nehmen. Wenn das Wasser steigt, wird die Arche schwimmen und uns alle retten.«

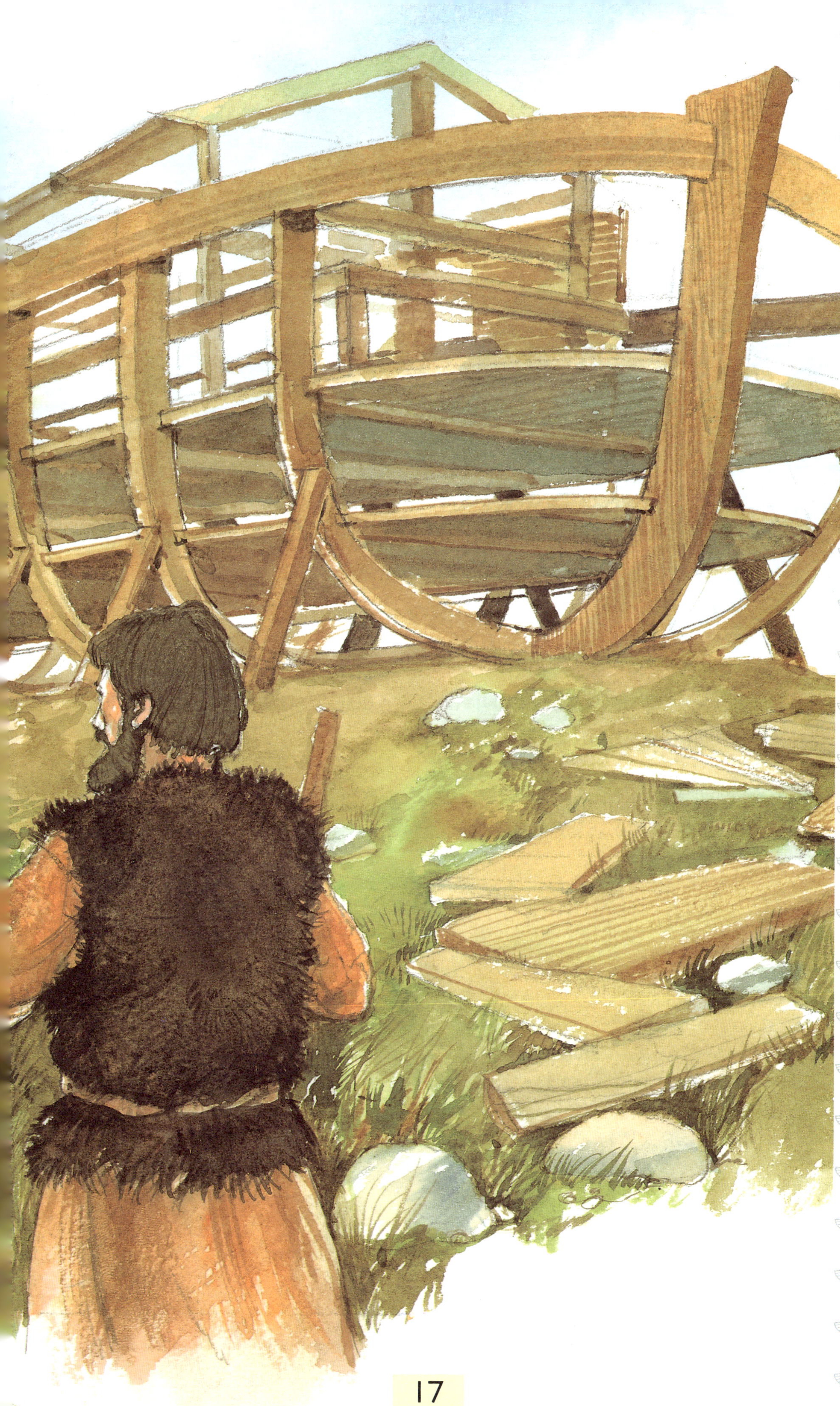

»Wir werden Nahrung für uns und die Tiere brauchen«, sagte Noahs Frau. Und so bereiteten Noah, seine Frau und ihre drei Söhne alles für den Aufenthalt auf der Arche vor. Säcke voll Getreide und Salz wurden in das Schiff geladen. Fässer wurden mit frischem Trinkwasser gefüllt. Heu und Stroh wurde in der Arche für die Tiere aufgeschüttet.

19

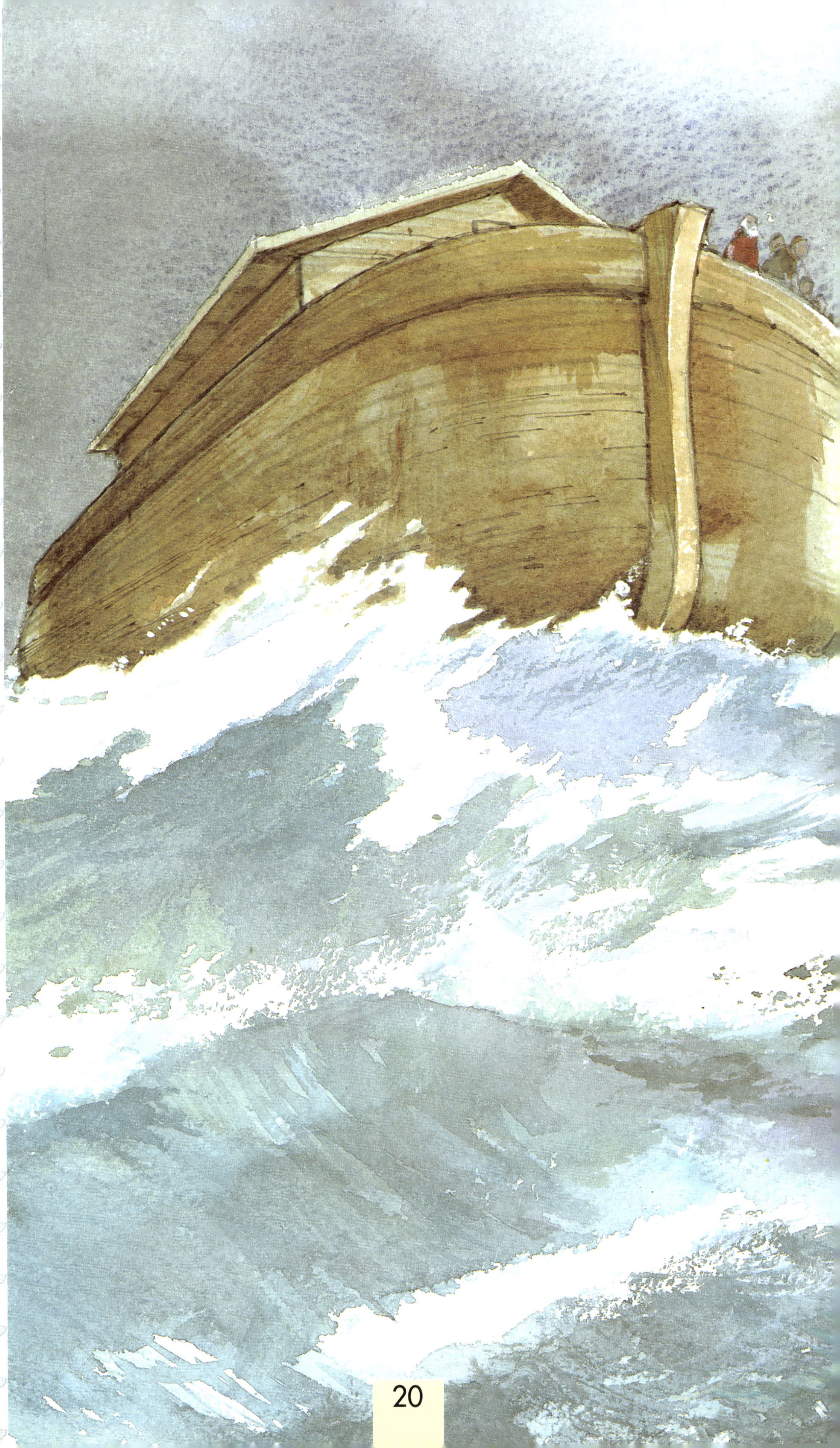

Bald überzogen riesige schwarze Wolken den Himmel, und es begann zu regnen. Als das Wasser stieg, begann die Arche zu schwimmen. Es regnete vierzig Tage und vierzig Nächte lang.

Allmählich sank das Wasser. Die Arche landete auf dem Berg Ararat. Noah sah ringsumher überall nur Wasser und überlegte, ob es wohl schon ratsam wäre, das Schiff zu verlassen.

Noah sandte einen Raben aus. Er kam nicht zurück.
»Ich warte lieber noch ein wenig«, sagte Noah.

Eine Woche später sandte Noah eine Taube aus. Aber die kleine Taube kehrte bald hungrig zur Arche zurück. Er wartete noch eine Woche, dann sandte er die Taube erneut aus. Am Abend sah Noah die Taube zur Arche zurückkehren. Im Schnabel hielt sie einen grünen Olivenzweig. Noch immer wartete Noah. In der nächsten Woche kam die Taube nicht mehr zurück. »Nun ist es Zeit, die Arche zu verlassen«, sagte Noah.

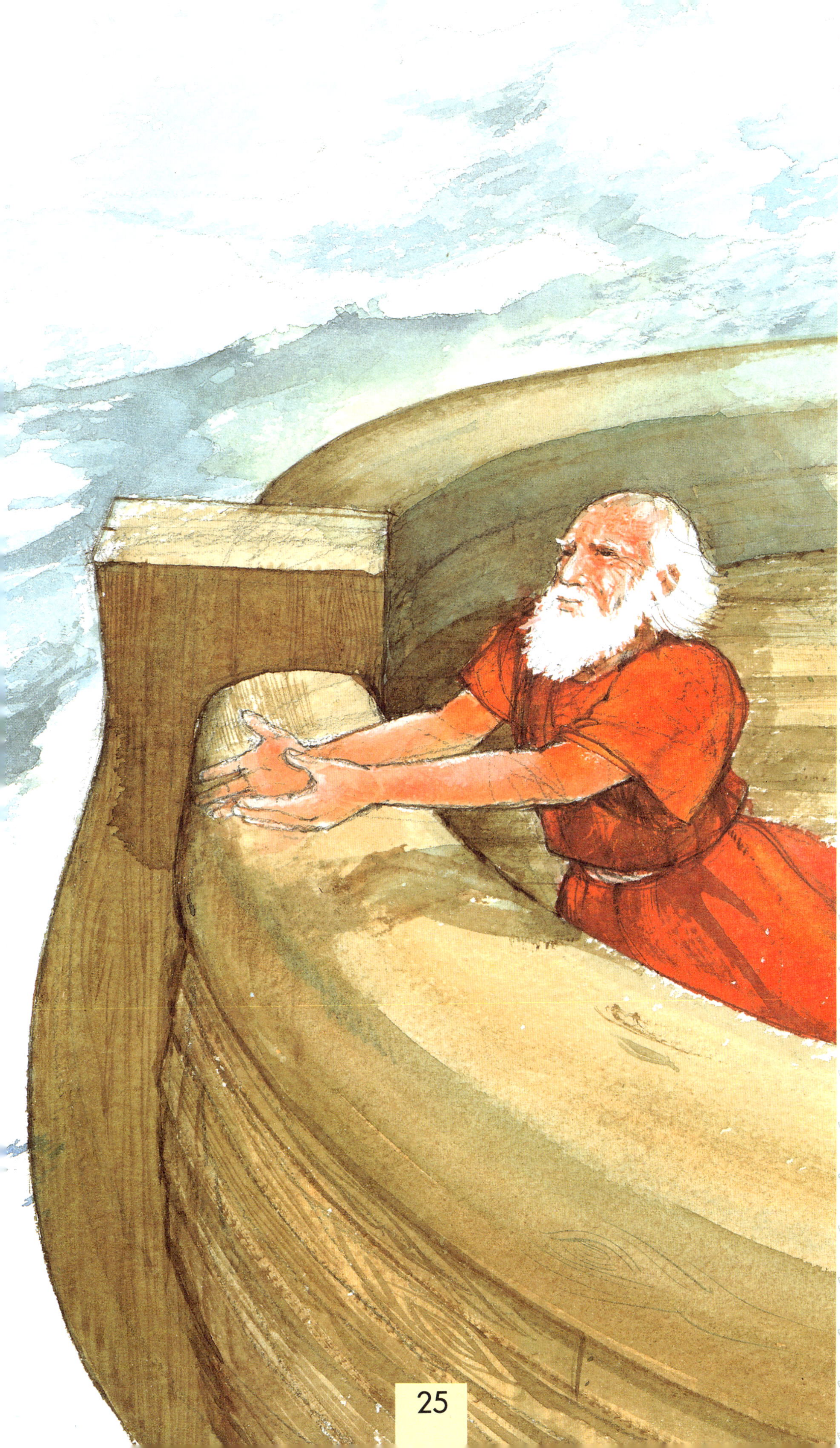

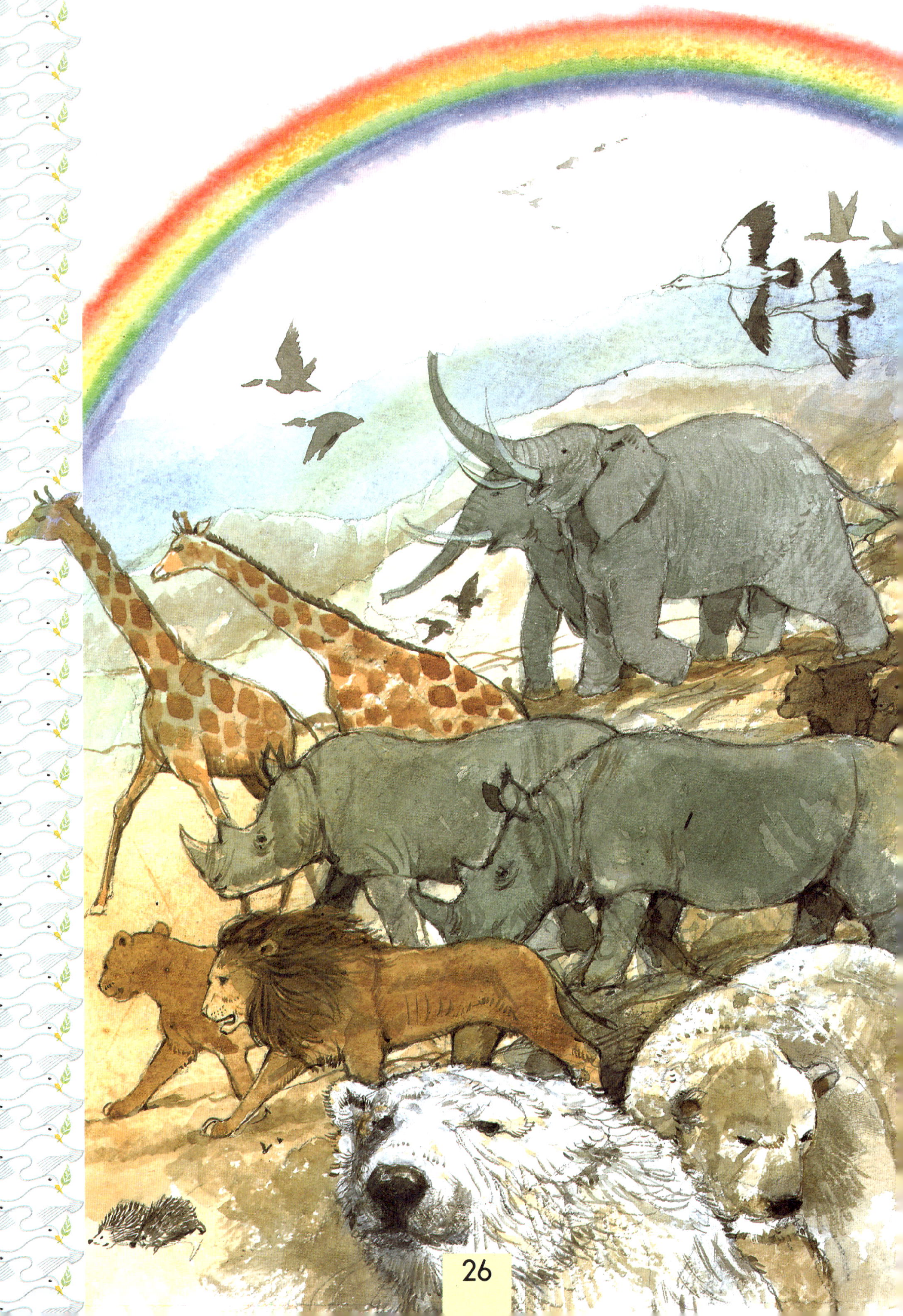

Die Tür der Arche wurde geöffnet, und Noah und seine Familie stiegen heraus, gefolgt von allen Tieren. Jeder war glücklich, wieder frei zu sein. So hatte Gott Noah und seine Familie vor der Sintflut gerettet. Und sie dankten Gott von Herzen.

Am Himmel stand ein wunderschöner Regenbogen. Er war Gottes Zeichen dafür, daß er nie wieder die ganze Welt überfluten werde.

MOSES

Eines Tages hütete Moses Schafe an den Hängen des Horeb, des Berges Gottes. Da sah er einen brennenden Dornbusch. Doch merkwürdig: die Flammen verzehrten den Busch nicht! Und Moses fürchtete sich sehr.

Nun hörte er eine Stimme aus dem Busch. Moses wußte, es war Gottes Stimme. Gott sagte ihm, er solle nach Ägypten gehen und die Israeliten befreien, die dort in der Sklaverei litten. Moses solle sie aus Ägypten in ein neues Heimatland führen, in welchem Milch und Honig fließen.

Moses fürchtete, daß ihm die Leute nicht folgen würden und daß der Pharao, der ägyptische König, das Volk nicht ziehen lassen werde. Gott versprach ihm seine Hilfe. Moses reiste also mit seiner Familie nach Ägypten. Unterwegs traf er seinen Bruder Aaron, den Gott ihm als Helfer gesandt hatte. Als sie nach Ägypten kamen, sprachen sie mit den Führern der Israeliten und erzählten ihnen, daß Gott das Volk befreien wolle. Moses werde es dann in das Gelobte Land führen.

Dann sprach Moses mit dem Pharao. »Der Gott von Israel sagt, daß du sein Volk freilassen sollst«, sagte Moses.

Der Pharao antwortete: »Wer ist dieser Gott? Ich kenne ihn nicht. Ich werde sein Volk nicht ziehen lassen.«

Moses bat Gott um Hilfe. Gott sprach zu Moses: »Der Pharao weigerte sich, mein Volk freizulassen. Geh und schlage in den Nil mit deinem Stab. Alles Wasser wird zu Blut werden. Die Fische werden sterben, und es wird kein Trinkwasser mehr geben.«

33

Moses tat, wie Gott ihm befohlen hatte. Der Pharao wollte das Volk aber nicht gehen lassen.

Da sandte Gott eine Froschplage, dann eine Mückenplage, und danach eine Fliegenplage. Nach jeder Plage bat ihn Moses, das Volk der Israeliten freizulassen, aber der Pharao weigerte sich weiter. Also sandte Gott immer neue Plagen.

Gott sandte eine Krankheit, an der alle Tiere starben. Dann sandte er Staub, der auf der Haut der Ägypter Furunkel erzeugte. Dann kam ein großes Unwetter mit Blitz und Donner und Hagelkörnern, die wie Steine vom Himmel fielen. Sie erschlugen die Menschen auf den Feldern und zerstörten Pflanzen und Bäume. Danach fielen Heuschrecken über das Land her und fraßen, was von den Pflanzen und Früchten noch übrig war.

Kein grünes Hälmchen gab es mehr in ganz Ägypten, aber noch immer weigerte sich der Pharao, das Volk Israel freizulassen.

Da sprach Gott zu Moses: »Streck deine Hand zum Himmel aus, so daß es finster werde über dem Land.« Moses tat, wie Gott befohlen hatte, und das Land wurde in Finsternis getaucht. Drei Tage und Nächte lang war es dunkel.

Wieder ging Moses zum Pharao. Der Pharao war sehr zornig. »Verschwinde und laß dich hier nie wieder blicken«, sagte er zu Moses. »Ich werde dein Volk niemals gehen lassen!«

Gott sandte eine letzte Plage über Ägypten. Er sprach zu Moses: »Das Volk wird sicher sein, wenn die Leute genau tun, was ich dir sage.«

Moses erklärte den Leuten den Plan und befahl ihnen, genau zuzuhören.

»Heute nacht«, sagte er, »wird Gottes Engel des Todes durch Ägypten gehen und das älteste Kind in jeder Familie töten. Um euch zu schützen, müßt ihr ein Lamm schlachten und sein Blut auf eurer Haustür verteilen. Das Fleisch muß heute abend gebraten und gegessen werden. Ihr müßt alle im Haus bleiben. Das Blut auf den Türen eurer Häuser wird Gott zeigen, daß ihr zu seinem Volk gehört, und sein Engel des Todes wird euch nichts tun. Zum Gedenken an diese Nacht sollt ihr in Zukunft das Passahfest feiern - zum Dank, daß der Engel des Todes euer Haus verschonte und nur die Kinder der Ägypter tötete.«

Als die Israeliten in jener Nacht das Schreien und Klagen der Ägypter hörten, wußten sie, daß Gott, so wie er gesagt hatte, das älteste Kind in jedem ägyptischen Haus getötet hatte.

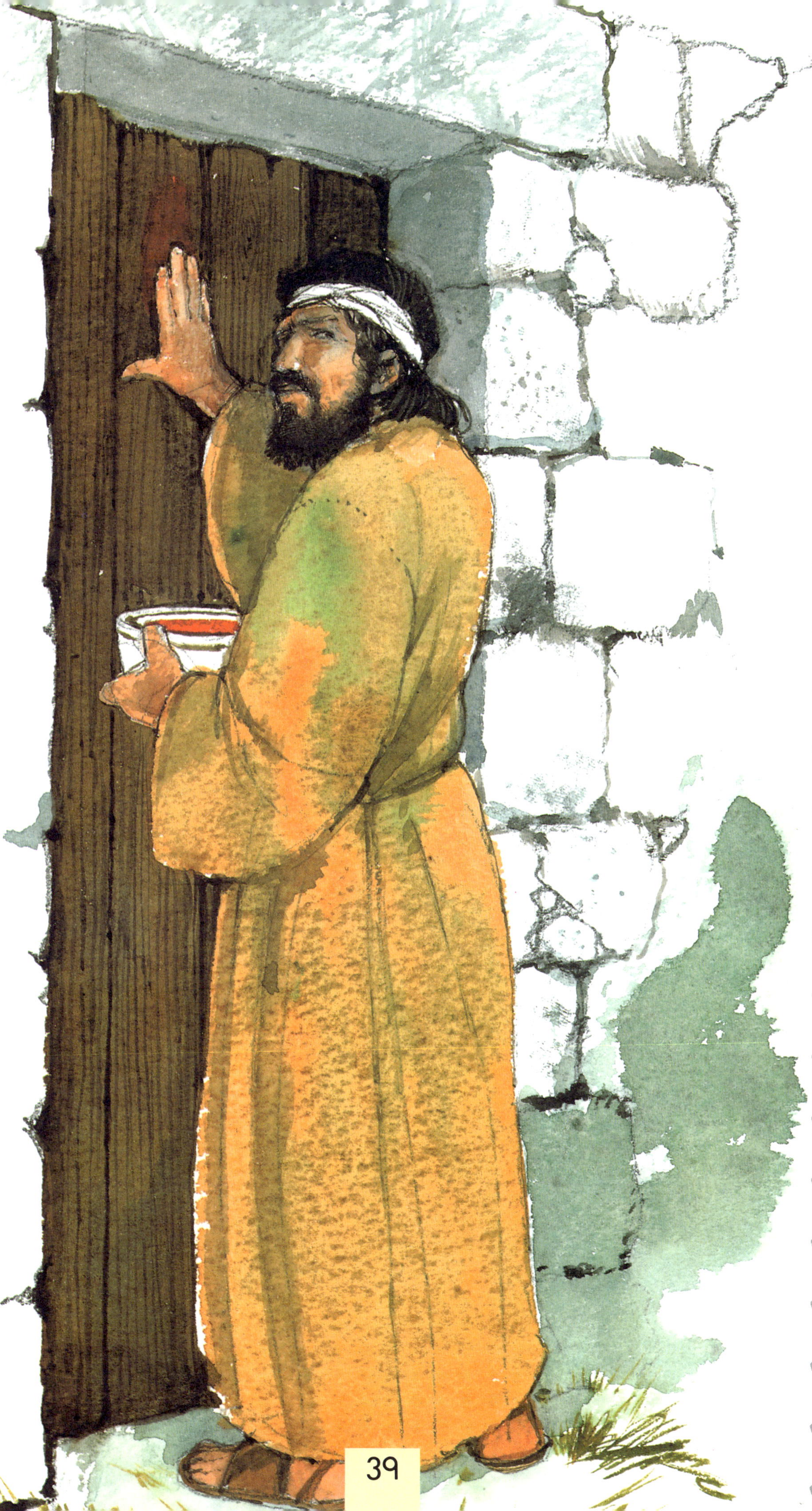

Der Pharao schickte nach Moses und Aaron.
»Geht, und nehmt das Volk mit euch!«

Endlich war das Volk frei, und Tausende folgten Moses aus Ägypten.

Gott zeigte Moses den Weg durch die Wüste, bei Tag mit einer Rauchsäule, bei Nacht mit einer Feuersäule. Und so erreichten sie bald das Rote Meer. Dort schlugen sie das Lager auf.

Als der Pharao hörte, daß das ganze Volk Israel fort war und daß keine Sklaven mehr für all die Arbeit da waren, befahl er seiner Armee, dem Volk mit 600 Streitwagen zu folgen und es nach Ägypten zurückzubringen.

Als das Volk Israel die Armee von weitem kommen sah, fürchtete es sich sehr. Denn es saß zwischen den Ägyptern auf der einen Seite und dem Roten Meer auf der anderen in der Falle. Moses aber sprach: »Fürchtet euch nicht. Gott wird uns retten.«

44

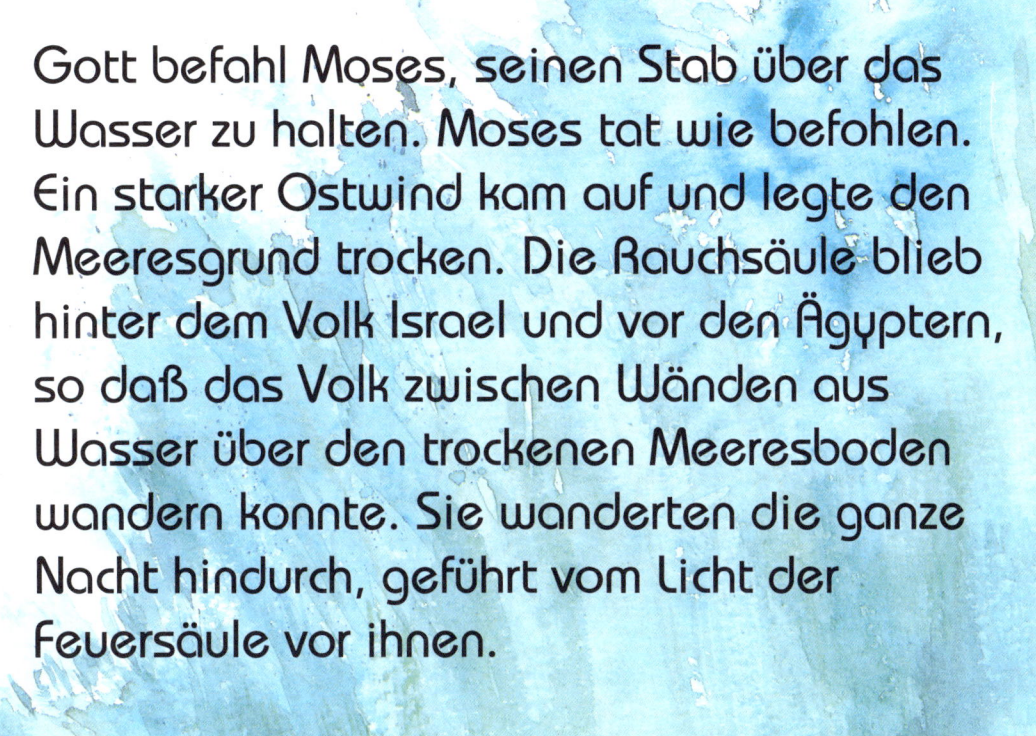

Gott befahl Moses, seinen Stab über das Wasser zu halten. Moses tat wie befohlen. Ein starker Ostwind kam auf und legte den Meeresgrund trocken. Die Rauchsäule blieb hinter dem Volk Israel und vor den Ägyptern, so daß das Volk zwischen Wänden aus Wasser über den trockenen Meeresboden wandern konnte. Sie wanderten die ganze Nacht hindurch, geführt vom Licht der Feuersäule vor ihnen.

Die Ägypter folgten nach. Sobald das ganze Volk Israel sicher hindurch war, befahl Gott Moses, seinen Stab erneut über das Meer zu halten.

Wieder tat Moses wie befohlen. Die großen Wasserwände brachen zusammen, und die ägyptische Armee und ihre Streitwagen wurden vom Meer verschlungen. Alle Männer und Pferde ertranken.

Moses und das Volk Israel war in Sicherheit, und sie dankten Gott, der sie vor den Ägyptern gerettet hatte.

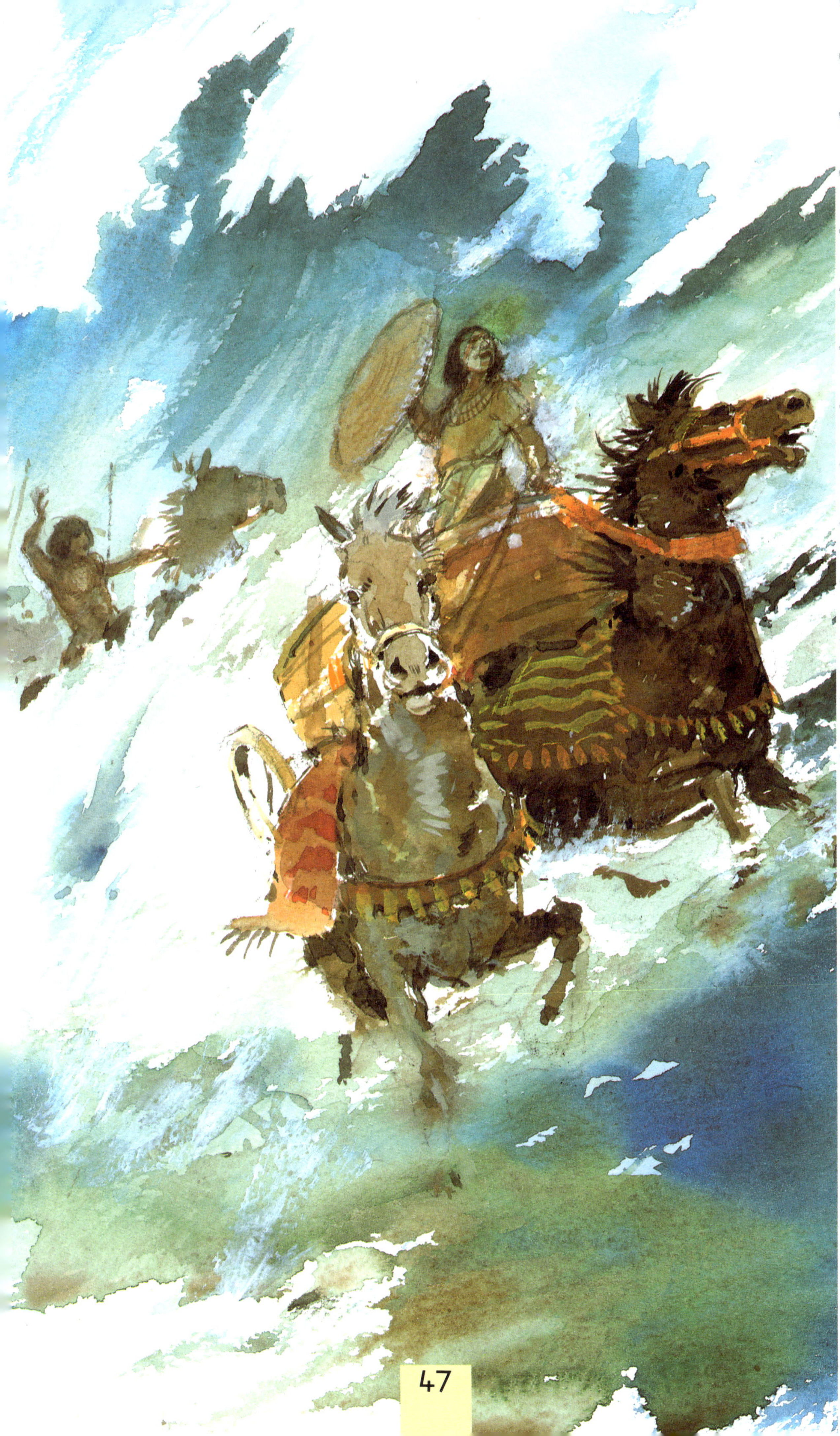

Gott versorgte sein Volk auf dem Weg in das Gelobte Land Kanaan mit Essen und Trinken.

Wasser in stehenden Wasserlöchern wurde trinkbar, nachdem Gott Moses befohlen hatte, ein Stück Holz in das Wasser zu werfen. Ein anderes Mal sprudelte Wasser aus einem trockenen Felsen, als Moses mit seinem Stab dagegenschlug.

Gott ließ Brot vom Himmel regnen, und Wachteln bedeckten die Erde und lieferten Fleisch. Aber niemand durfte Fleisch oder Brot am siebten Tag auflesen, denn das war der Tag der Ruhe, der Sabbat genannt wurde.

Drei Monate später erreichten sie den Fuß des Berges Sinai und schlugen dort ihr Lager auf. Dies war der Ort, an dem Gott Moses befohlen hatte, nach Ägypten zu gehen, sein Volk zu befreien und in das Gelobte Land zu führen.

Moses bestieg den Berg, um mit Gott zu sprechen. Gott versprach Moses, er werde sein Volk immer schützen, solange die Menschen ihm gehorchten und seine Gesetze befolgten.

Gott sagte, er werde am Morgen des dritten Tages zum Volk sprechen. Moses erzählte dem Volk, was Gott gesagt hatte.

Am Morgen des dritten Tages bebte der Berg und war umhüllt von Feuer und Rauch. Moses sprach zu Gott, und Gott antwortete ihm mit Donner und befahl ihm, wieder auf die Spitze des Berges zu kommen.

Moses stieg auf den Berg hinauf, und Gott sprach zu ihm von den Gesetzen, die alle befolgen sollten. Diese Gesetze waren die Zehn Gebote.

51

DIE ZEHN GEBOTE

1 **Du sollst nicht andere Götter anbeten**
Gott sprach: »Ich bin der Herr, dein Gott.
Du sollst keine anderen Götter neben mir haben.«

2 **Du sollst den Namen Gottes nicht mißbrauchen**
Du sollst nicht in Gottes Namen schwören oder ihn in sonst einer respektlosen Weise verwenden.

3 **Du sollst den Tag des Herrn heiligen**
Das heißt, wir sollen an sechs Tagen arbeiten, aber der siebte Tag, der Sabbat, soll ein Ruhetag sein. Gott selbst schuf die Welt an sechs Tagen, und am siebten Tage ruhte er.

4 **Du sollst deinen Vater und deine Mutter ehren**
Das heißt, daß du auf deine Eltern hören, sie liebhaben und für sie sorgen sollst.

5 **Du sollst nicht töten**
Es ist falsch zu morden.

Du sollst nicht ehebrechen

Wenn ein Mann und eine Frau heiraten, versprechen sie, zusammenzubleiben und einander treu zu sein. Dieses Gebot bedeutet, treu zu demjenigen, den man liebt, zu stehen.

6

Du sollst nicht stehlen

Es ist falsch, etwas zu nehmen, das dir nicht gehört.

7

Du sollst kein falsches Zeugnis reden

Es ist falsch zu lügen.

8

Du sollst nicht begehren deines Nächsten Haus

Begehren heißt, etwas wollen, was dir nicht gehört. Es ist falsch, zu wollen, was anderen gehört.

9

Du sollst nicht begehren, was deinem Nächsten gehört

Es ist falsch, auf den ganzen übrigen Besitz anderer Personen neidisch zu sein.

10

David und Goliath

David war ein Hirtenjunge. Jeden Tag hütete er die Schafe seines Vaters und sorgte dafür, daß keines gestohlen wurde. Wenn ein wildes Tier näher kam, verjagte er es. David hatte sieben Brüder, aber er war der jüngste und sehr stolz auf seine wichtige Aufgabe.

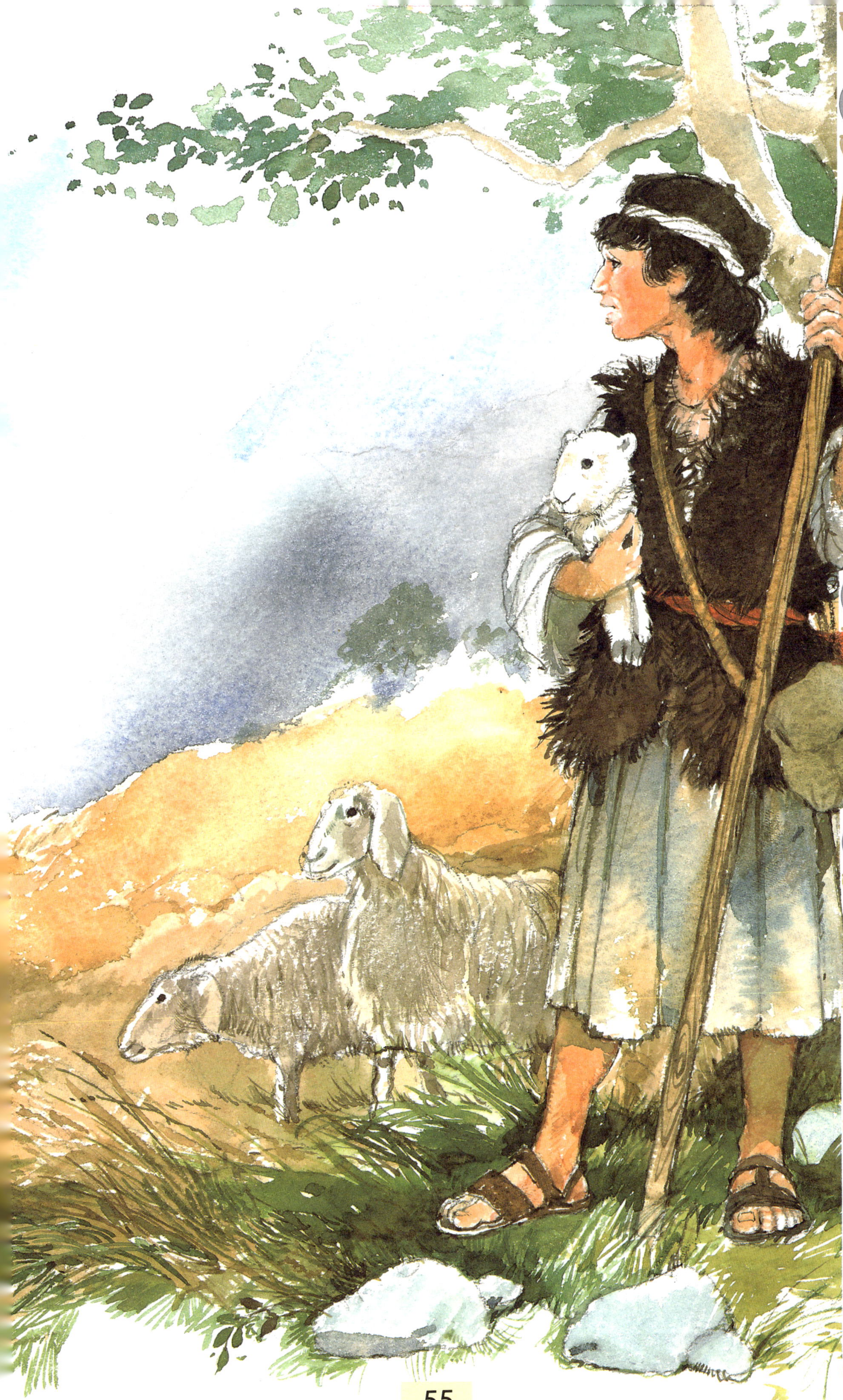

Eines Tages hütete David die Schafe und spielte auf seiner Harfe. Da kam einer von den Dienern seines Vaters und rief ihm zu: »Du sollst sofort nach Hause kommen. Da ist jemand, der dich sprechen will. Ich werde inzwischen auf die Herde achtgeben.«

57

David rannte den ganzen Weg nach Hause. Sein Vater sprach mit einem fremden Mann. »Dies ist Samuel«, sagte Davids Vater. »Er hat dir etwas Besonderes zu sagen.« Samuel wußte, daß David eines Tages König sein würde. Er wollte sicher sein, daß David seinem Volk ein guter König sein würde. Darüber sprach er mit David und sagte ihm auch, daß er ein mächtiger Herrscher sein werde, wenn er erwachsen sei. David war überrascht, aber er hörte aufmerksam zu.

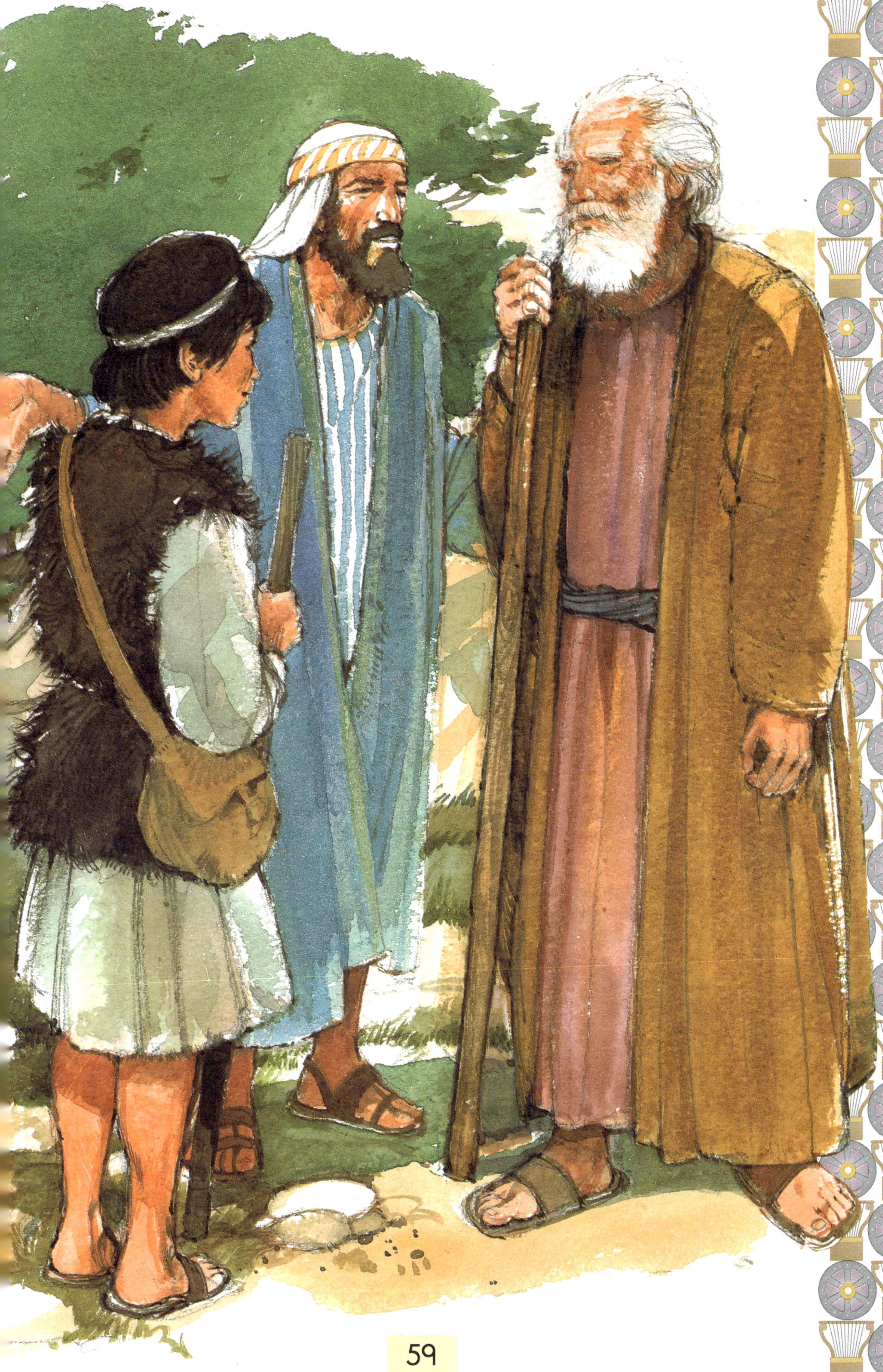

60

Zu dieser Zeit regierte König Saul das Land. Er war ein sündiger Mann und kein guter König. Oft war er launisch und unglücklich. Seine Diener versuchten, ihn irgendwie aufzuheitern.

Einmal wurde David gebeten, in den Palast zu kommen und für König Saul Harfe zu spielen. Seine Musik machte den König glücklich. »Ich will, daß du hier im Palast bleibst und jeden Tag für mich spielst«, sagte er zu David.

David gefiel es im Palast, aber bald brach ein Krieg aus, und König Saul rief seine Armee zusammen. David kehrte zu seinem Vater nach Hause zurück. Drei seiner Brüder waren in der Armee. Eines Tages brachte er ihnen etwas zu essen.

Während David gerade mit seinen Brüdern sprach, hörte man lautes Rufen, und ein riesenhafter Mann kam von den feindlichen Linien herüber. »Wer will mit mir kämpfen?« brüllte er. »Wenn derjenige mich besiegt, habt ihr den Krieg gewonnen. Gewinne aber ich, ist eure ganze Armee verloren.«

»Wer wird mit ihm kämpfen?« fragte David.
»Keiner wagt es, mit Goliath zu kämpfen«,
sagte einer seiner Brüder.

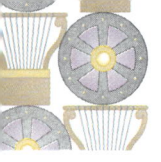

Da nahm David seine Schleuder und ging zu einem nahen Bach. Er suchte sich fünf Steine aus dem Bachbett und gab sie in seinen Beutel. Dann ging er Goliath entgegen. Goliath lachte, als er sah, wie klein David war. Dann griff er den Knaben an. David nahm einen der Steine und legte ihn in die Schleuder. Er schwang die Schleuder um seinen Kopf und ließ dann los. Der Stein sauste durch die Luft und traf Goliath mitten auf der Stirn. Der Riese krachte wie ein gefällter Baum zu Boden.

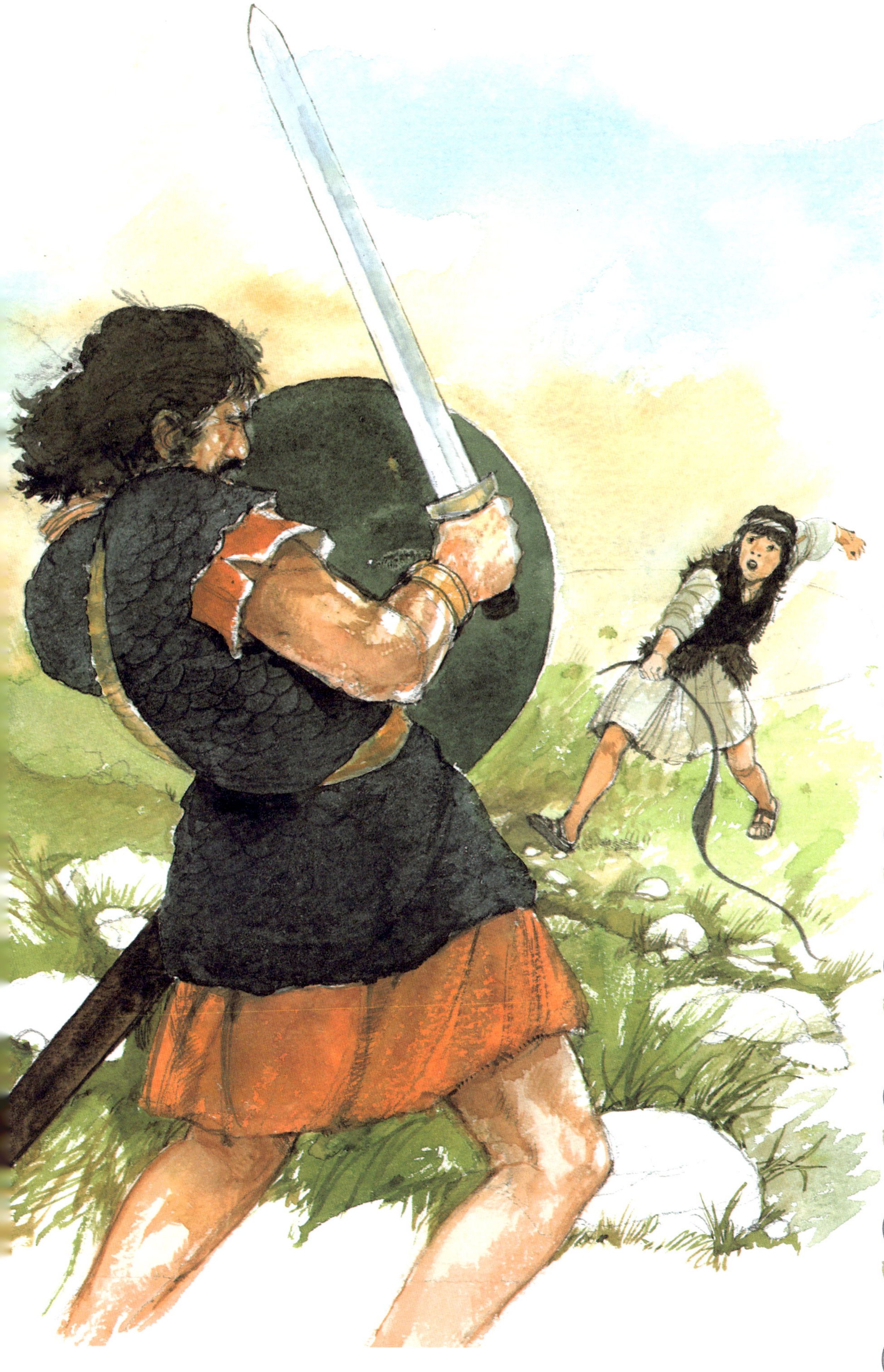

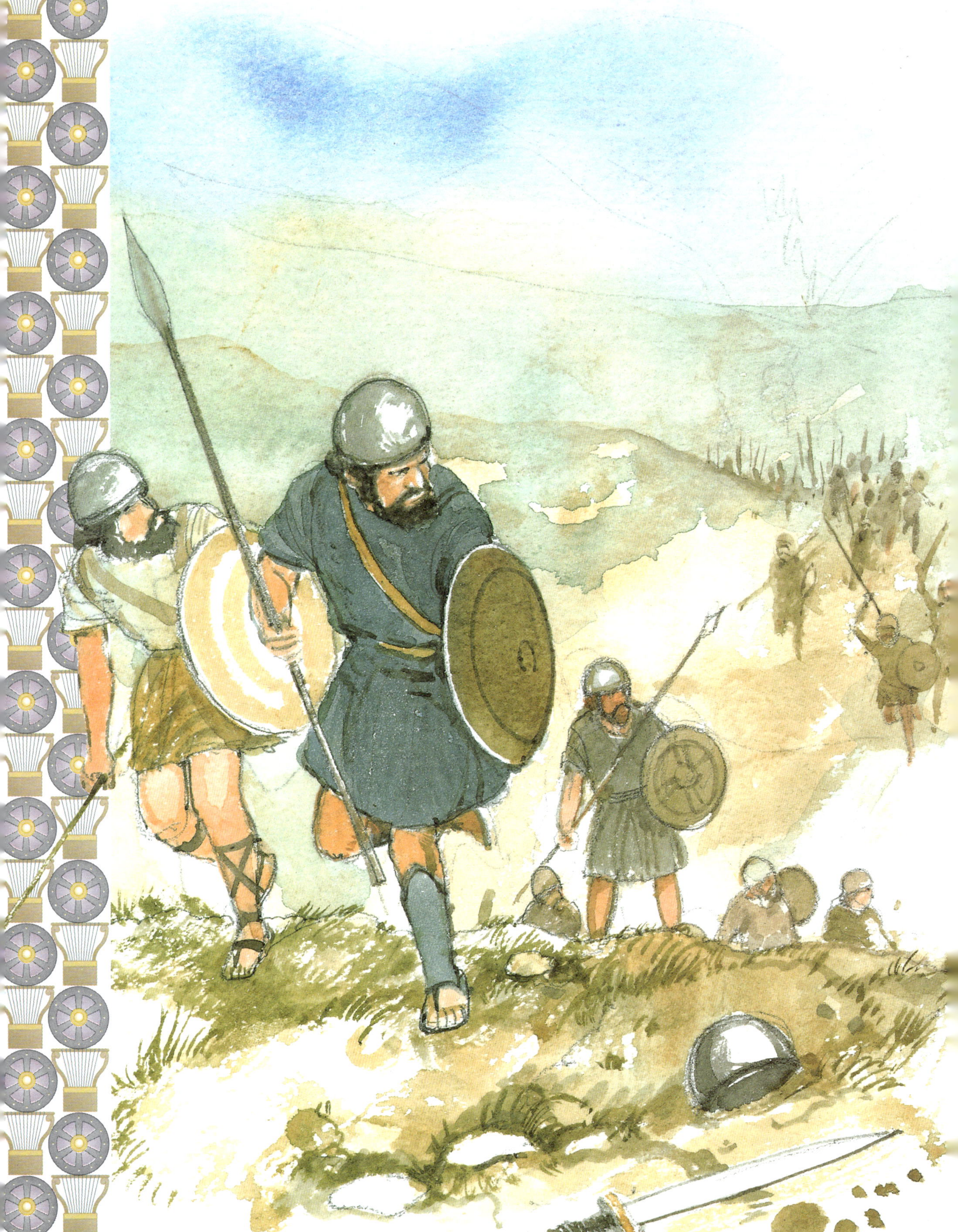

König Sauls Soldaten jubelten. David hatte den Krieg für sie gewonnen. Der Feind ergriff die Flucht. König Saul bat David, im Palast zu bleiben. »Mein Sohn Jonathan wird dir Gesellschaft leisten«, sagte er. David freute sich sehr darüber, und er und Jonathan wurden die besten Freunde.

Daniel in der Löwengrube

Vor vielen Jahren wurde die Stadt Jerusalem vom babylonischen König Nebukadnezar angegriffen und erobert. Als er wieder abzog, nahm er den Tempelschatz von Jerusalem und eine Gruppe junger Männer mit sich. Diese jungen Männer wollte er mit der babylonischen Lebensart vertraut machen.

Zu diesen jungen Männern gehörte ein gewisser Daniel und seine drei Freunde Sadrach, Mesach und Abed-Nego. Sie waren fleißig und lernten alles, was man ihnen beibrachte. König Nebukadnezar bot ihnen sogar Speise und Trank von seiner eigenen Tafel an. Die vier jungen Männer aber bevorzugten die einfachere Nahrung ihrer Heimat, und dies gefiel Gott, weil es zeigte, daß die vier treu zu ihm standen. Dann verlieh Gott Daniel die Gabe, die Träume anderer Menschen deuten zu können.

Eines Nachts hatte König Nebukadnezar einen Traum, der ihn beunruhigte. Er rief all seine Weisen zusammen, aber keiner konnte ihm den Traum erklären. Da wurde der König zornig und verurteilte sie alle zum Tode.

Als Daniel hörte, was geschehen war, bat er Gott um seine Hilfe und suchte dann den König auf.

»Ich will dir deinen Traum erklären«, sagte er. »Du hast eine riesige Statue mit einem goldenen Kopf gesehen. Ihr Körper war aus Silber und Bronze, die Beine aus Eisen und die Füße aus Ton. Während du sie ansahst, fiel ein Stein auf sie herab und zertrümmerte sie, und es wuchs ein steinerner Berg an ihrer Stelle. Die Statue ist dein Königreich, das erobert und zerstört werden wird. Der Steinberg ist das Reich Gottes, das immer stärker werden und ewig bestehen wird.«

König Nebukadnezar konnte seinen Traum nicht vergessen. Er beschloß, selbst eine Statue aus Gold anfertigen und vor der Stadt aufstellen zu lassen. Als die Handwerker mit der Arbeit an der Statue fertig waren, befahl der König, daß das ganze Volk von Babylon sich vor der Stadt versammeln und die Statue anbeten sollte.

Beim Klang der Trompeten sollten alle zugleich niederknien und die Statue verehren. Als die Trompeten erklangen, fielen alle auf die Knie, alle außer dreien: Sadrach, Mesach und Abed-Nego.

Als der König hörte, daß sie sich seinem Befehl widersetzten, wurde er wütend. »Wenn ihr nicht niederkniet und die Statue anbetet, werdet ihr in einen feurigen Ofen geworfen«, schrie er. Aber die drei jungen Männer blieben Gott treu und weigerten sich.

König Nebukadnezar befahl, daß der Ofen viel heißer als gewöhnlich angefacht werden solle. Sadrach, Mesach und Abed-Nego wurden gefesselt und in die Flammen geworfen. Die Hitze war so groß, daß diese sogar die Wachen, die die Männer in den Ofen warfen, tötete.

Der König sah erstaunt zu. »Wie viele Männer wurden in den Ofen geworfen?« fragte er seine Diener.

»Drei, Majestät«, antworteten die Diener.

»Ich sehe aber vier Männer«, sagte der König. »Und keiner von ihnen ist gefesselt oder irgendwie verletzt. Der vierte Mann sieht aus wie ein Engel Gottes.«

Der König hatte recht. Gott hatte einen Engel geschickt, um die drei jungen Männer zu schützen. Als sie den Feuerofen unverletzt verließen, sagte der König: »Euer Gott ist mächtig.«

Einige Zeit später hatte Nebukadnezar wieder einen Traum. Er sah einen mächtigen Baum, der größer und größer wurde. Er konnte von überall in der Welt aus gesehen werden und bot allen Menschen Nahrung und Schutz. Dann kam ein Engel von Gott und befahl dem König, den Baum zu fällen.

»Was bedeutet dieser Traum?« fragte er Daniel.

Daniel sagte zu dem König: »Dein Traum macht mich traurig. Du selbst bist der Baum und gibst den Menschen Nahrung und Schutz. Doch da du Gott nicht gehorchst, wird dir deine Macht genommen, und du wirst wahnsinnig werden.«

Der König lachte nur darüber, doch eines Tages befiel ihn ein furchtbarer Wahnsinn. Er wurde aus der Stadt vertrieben und mußte in den Wäldern und Feldern leben. Der Wahnsinn hielt viele Jahre an, bis der König eines Tages erkannte, daß Gott mächtiger ist als jeder König. Da wurde er geheilt.

Als König Nebukadnezar starb, wurde sein Sohn Belsazar König. Er gab ein großes Fest, und alle aßen und tranken aus den Gefäßen, die in dem Schatz waren, den Nebukadnezar aus dem Tempel von Jerusalem geraubt hatte. Während sie zechten, erschien eine Hand und schrieb eine Botschaft an die Wand. Der König fürchtete sich sehr. Er rief nach Daniel und fragte, was das zu bedeuten habe. Daniel sagte: »Gott ist mit dir nicht zufrieden. Die Botschaft sagt, daß dein Reich von deinen Feinden erobert werden wird.«

In derselben Nacht noch wurde Belsazar ermordet.

Dann eroberte König Darius das Reich. Er machte Daniel zum Herrn über all seine Statthalter, denn er wußte, daß Daniel weiser war als irgend jemand sonst in Babylon. Die Statthalter aber waren auf Daniel eifersüchtig und planten eine Verschwörung gegen ihn.

Eine Gruppe von Statthaltern ging zu Darius. Sie legten ihm ein neues Gesetz vor. Darin stand, daß niemand in den nächsten 30 Tagen zu irgendeinem Gott beten durfte. Jeder, der dennoch betete, sollte den Löwen vorgeworfen werden. König Darius unterschrieb das Gesetz.

Daniel erfuhr von dem neuen Gesetz, doch er betete weiter zu Gott. Eines Tages ertappten ihn seine Feinde beim Beten. Er wurde vor den König gebracht, der sich ärgerte, daß Daniel das Gesetz übertreten hatte. Er wollte Daniel helfen, doch der ahnte bereits, daß er den Löwen zum Fraß vorgeworfen werden sollte.

König Darius ging mit Daniel zur Löwengrube. »Ich hoffe, daß dein Gott dich retten kann.«

Dann wurde Daniel in die Grube geworfen. König Darius kehrte in den Palast zurück und betete die ganze Nacht für Daniels Sicherheit.

Am nächsten Morgen kehrte der König zur Grube zurück. »Daniel?« rief er fragend. »Ja«, antwortete Daniel, »ich bin unversehrt. Gott sandte seinen Engel, der hat mich vor den Pranken der Löwen beschützt.«

Der König war sehr froh, daß es Daniel gutging.

85

König Darius merkte, daß er mit dem Gesetz hereingelegt worden war. Er ließ die Statthalter, die an der Verschwörung beteiligt waren, in die Löwengrube werfen. Die Löwen zerrissen sie in Stücke.

Dann erließ König Darius ein neues Gesetz, in dem stand, daß alle Leute in seinem Reich den Gott von Daniel verehren mußten, denn er ist der wahre Gott.

Jona und der Wal

Es lebte einmal ein Mann namens Jona. Eines Tages sprach Gott zu ihm: »Geh in die Stadt Ninive und sage den Leuten dort, daß sie ihr schlechtes, gottloses Leben ändern sollen. Wenn sie das nicht tun, werde ich zur Strafe ihre Stadt zerstören.«

Jona wollte nicht nach Ninive. »Wenn ich dorthin gehe«, sagte er zu Gott, »werden die Leute vielleicht ihren Lebenswandel ändern, und dann wirst du ihnen vergeben. So grausame und schlechte Leute verdienen aber keine Vergebung.« Und Jona lief davon, zum Hafen Japho. Dort bestieg er ein Schiff, das nach dem weit von Ninive entfernten Ort Tharsis segelte.

Bald nachdem das Schiff Segel gesetzt hatte, schlief Jona ein. Doch Gott war nicht zufrieden mit ihm. Und er schickte einen mächtigen Sturm. Die Seeleute warfen einen Teil ihrer Ladung über Bord, damit das Schiff leichter zu steuern werde, aber der Sturm wurde immer schlimmer.

Da begannen die Seeleute, ihre Götter um Hilfe anzuflehen. Der Kapitän des Schiffes ging unter Deck und fand Jona tief schlafend vor.

»Wach auf!« schrie er. »Bete auch du zu deinem Gott wie wir zu unseren Göttern. Sonst werden wir alle ertrinken!«

Doch der Sturm tobte weiter. Die Seeleute wollten losen, wer Schuld an dem Sturm hatte. »Irgendwer hat uns Unglück gebracht«, sagten sie. Jeder schrieb seinen Namen auf, und dann wurde ein Name gezogen. Der gezogene Name war Jona!

»Was hast du getan, um solch einen Sturm auszulösen?« fragten sie ihn.

»Ich habe Gott nicht gehorcht«, sagte Jona. »Mehr noch, ich versuchte, vor ihm davonzulaufen. Werft mich ins Meer, dann hört der Sturm von selbst auf.«

Die Seeleute packten Jona und warfen ihn über Bord. Sogleich ließ der Wind nach, und das Wasser wurde wieder ruhig.
Jona fürchtete sich davor, zu ertrinken, und er betete zu Gott. Gott sandte einen riesigen Wal, der Jona verschluckte. Jona war sehr dankbar, daß er nicht ertrunken war.

Drei Tage und drei Nächte lang blieb er im Bauch des Wals. Die ganze Zeit über betete er und dankte Gott, daß er ihm das Leben gerettet hatte.

Dann sprach Gott zu dem Wal, und der brachte Jona sicher ans Ufer.

Darauf sprach Gott erneut zu Jona. »Geh nach Ninive«, sagte er, »und sage den Leuten, daß sie ihr sündiges Leben ändern sollen, oder ich werde sie bestrafen.« Diesmal gehorchte Jona.

Als Jona nach Ninive kam, predigte er Gottes Wort. Und alle Leute hörten auf ihn, sogar der König.

Die Bewohner von Ninive beschlossen, ihr Leben zu ändern, und beteten zu Gott um Vergebung ihrer Sünden. Als Gott das sah, vergab er ihnen.

Jona war darüber zornig. Er sagte zu Gott: »Ich bin vor dir davongelaufen, weil ich fürchtete, daß du diesen sündigen Menschen vergeben würdest. Warum vergibst du ihnen, die doch Strafe verdienen würden?«

Jona verließ die Stadt und setzte sich nieder. Er beobachtete Ninive und hoffte, Gott würde seine Meinung ändern und die Leute doch noch bestrafen. Gott ließ eine Pflanze wachsen, damit Jona etwas Schutz vor der prallen Sonne hatte. Jona war für den Schatten sehr dankbar.

Am nächsten Tag sandte Gott eine Raupe, die die Pflanze fressen sollte, und die Pflanze starb. Die Sonne stieg hoch, es wurde heiß, und Jona wurde zornig. Er bat Gott, ihn selbst sterben zu lassen. »Bist du zornig, weil ich die Pflanze sterben ließ?« fragte Gott.

»Ja«, sagte Jona. Gott antwortete: »Du ärgerst dich über den Tod einer einzigen Pflanze. Was glaubst du, wie es ist, eine ganze Stadt wie Ninive sterben zu lassen? Jahrelang lagen mir die Menschen hier am Herzen, und jetzt haben sie ja ihr sündiges Leben aufgegeben. Sie alle verdienen, daß ihnen vergeben wird.«

Die Geburt von Jesus

Vor langer Zeit lebte in Nazareth eine junge Frau namens Maria. Damals hatten viele Leute Gott vergessen, und er beschloß, ein kleines Kind zu senden, das unter den Menschen aufwachsen und leben sollte. Dieses Kind sollte ihnen von Gott erzählen.

Gott wußte, daß Maria ihn liebte, und beschloß, daß sie die Mutter seines Kindes werden sollte. Er schickte den Engel Gabriel, der Maria von dem Kind erzählen sollte. Sie fürchtete sich sehr, als sie den Engel neben sich stehen sah.

Der Engel lächelte und sprach: »Fürchte dich nicht, Maria. Gott schickt dir durch mich gute Nachricht. Du wirst ein Kind bekommen. Es wird ein Junge sein und soll Jesus heißen. Es wird ein besonderes Kind sein, denn es ist Gottes Sohn.«

In Nazareth lebte auch ein Zimmermann namens Joseph. Er liebte Maria und wollte sich um sie und das Baby kümmern. Und so nahm Joseph Maria zur Frau.

Kaiser Augustus ließ zu dieser Zeit eine Volkszählung durchführen, und deshalb mußten Joseph und Maria an Josephs Geburtsort zurückkehren. Der Weg war weit. Maria ritt auf einem Esel, und Joseph ging neben ihr her. Endlich kamen sie an und suchten nach einer Bleibe.

Sie waren beide sehr müde. Joseph klopfte an die Tür einer Herberge. »Hast du ein Bett für uns für die Nacht?« fragte er den Wirt. »Wir hatten eine weite Reise, und meine Frau ist völlig erschöpft.«

»Es tut mir leid«, sagte der Wirt und schüttelte den Kopf, »mein Haus ist voll. Das einzige, was ich euch anbieten kann, ist der Stall. Dort sind zwar auch die Tiere, aber es ist warm und trocken.«

»Danke«, sagte Joseph. »Das wird fürs erste reichen.«

Sie folgten dem Wirt, der sie zum Stall hinausführte. Und in dieser Nacht, im Stall bei den Tieren, wurde das Jesuskind geboren.

Maria hatte für das Kind nichts zum Anziehen, also wickelte sie es in Stoffstreifen. Es gab auch kein Babybett für das Kind, also legte Joseph etwas weiches Stroh in eine Krippe und machte daraus ein kleines Bettchen. Maria legte das Kind vorsichtig hinein.

In der Nähe hüteten auf einem Hügel Hirten ihre Schafe. Es war eine kalte, finstere Nacht, und sie saßen dicht beim Feuer, um sich zu wärmen. Plötzlich erschien ein großes Licht am Himmel, und ein Engel stand vor ihnen.

Sie fürchteten sich sehr, aber der Engel sagte: »Fürchtet euch nicht, denn ich bringe euch gute Nachricht. Heute nacht wurde Jesus geboren, euer Herr. Geht zu ihm. Folgt dem hellen Stern, er wird euch zu dem Stall führen, in dem er liegt.« Und plötzlich war der Himmel voller singender Engel.

»Ehre sei Gott in der Höhe,
Friede auf Erden,
und den Menschen ein Wohlgefallen.«

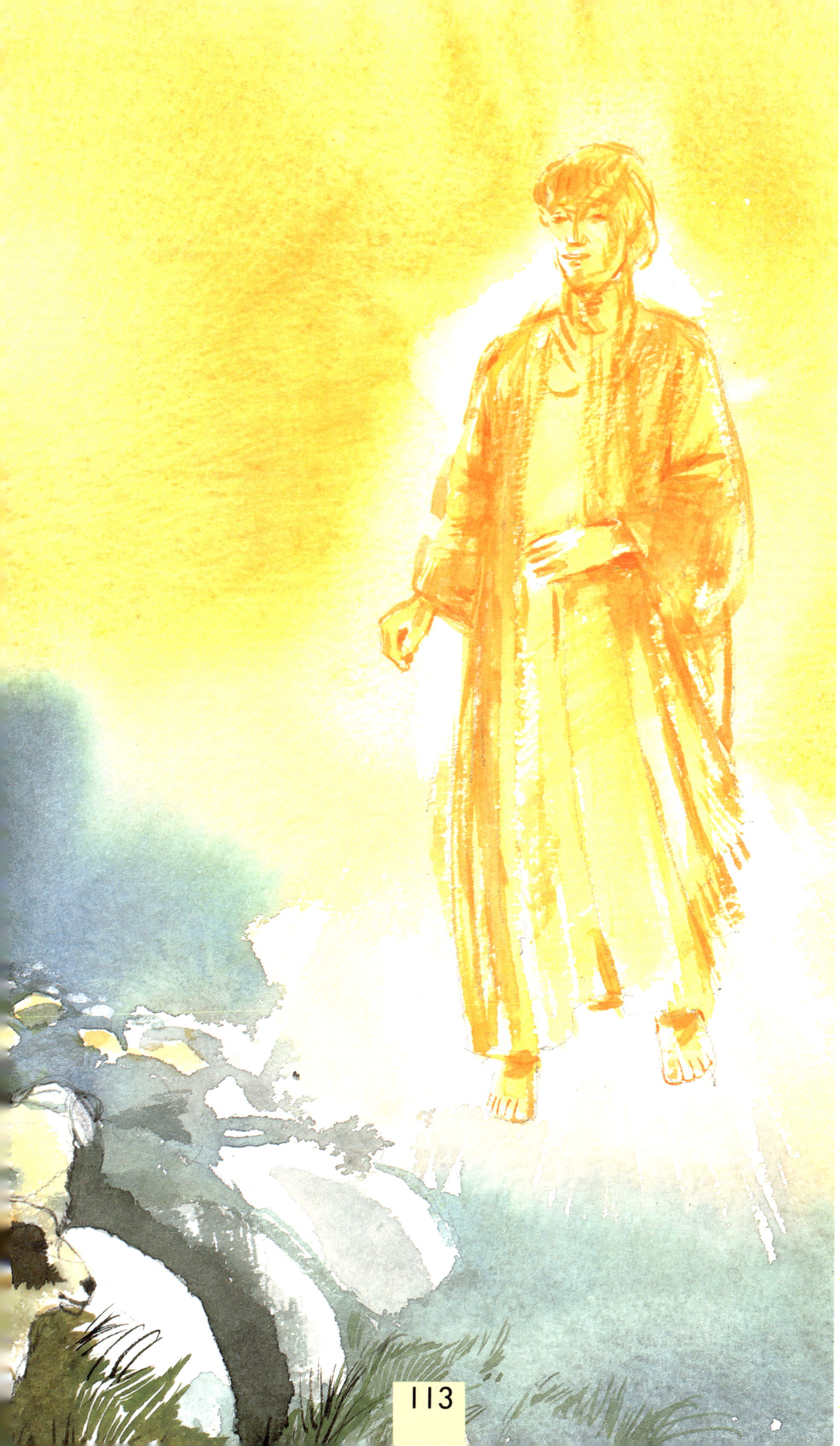

Die Hirten machten sich gleich auf und folgten dem Stern zu dem Stall. Ihre Schafe nahmen sie mit. Als sie an die Stalltür klopften, ließ Joseph sie herein. Alle Hirten knieten vor dem Kind nieder, denn sie wußten ja, daß es ein ganz besonderes Kind war. Dann gingen sie in die Stadt, um allen von der Geburt ihres Herrn Jesus zu berichten.

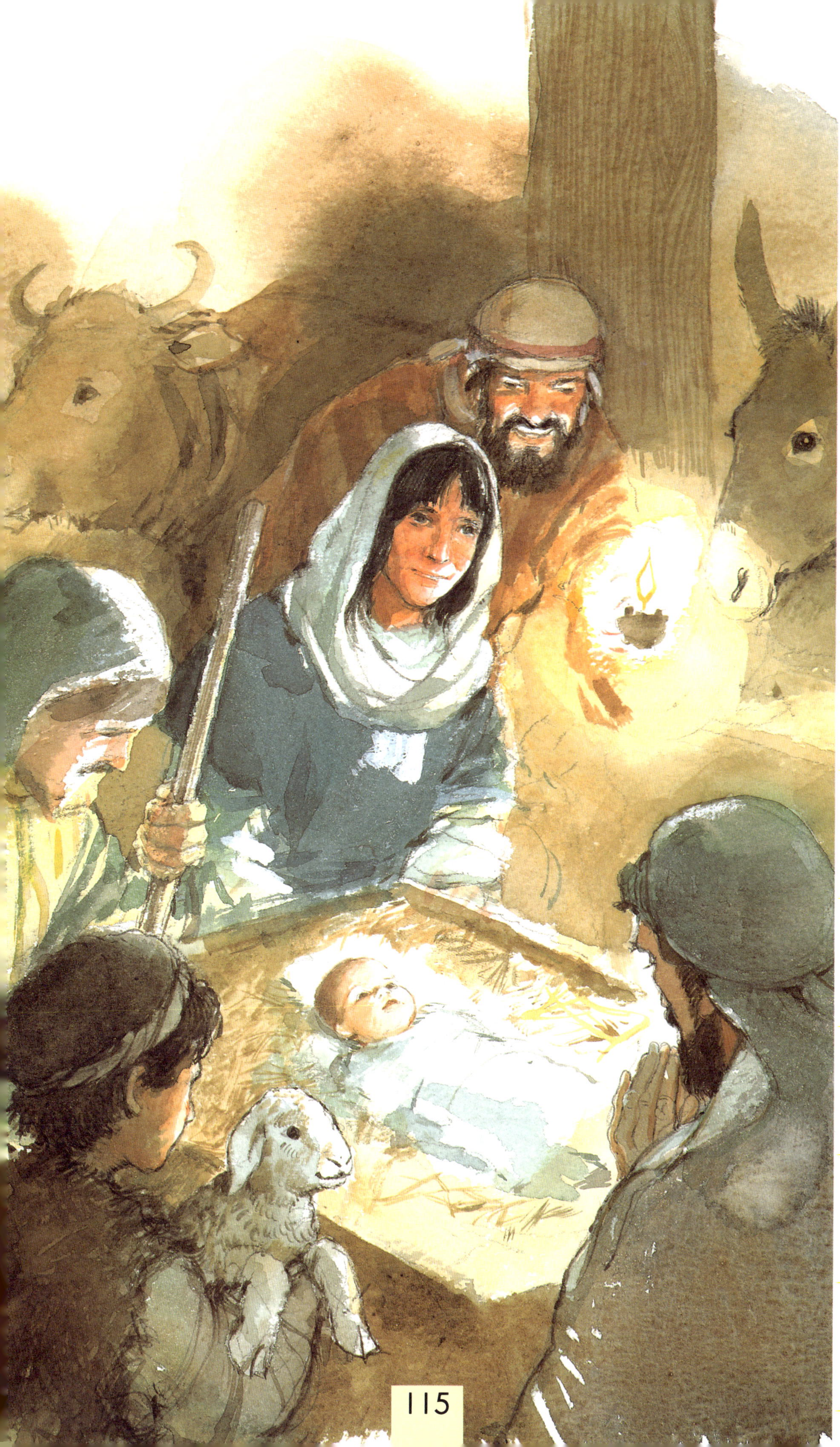

Weise Männer hatten die Sterne beobachtet. Sie wußten, daß ein großer König geboren werden würde. Schließlich sahen sie den hellen Stern und folgten ihm durch viele Länder. Sie dachten, sie würden den neuen König in einem Palast finden, und wandten sich an den Palast des Königs Herodes.

Herodes wurde zornig, als er von diesem neuen König hörte. Er sagte zu den Weisen: »Wenn ihr ihn findet, sagt mir, wo er ist, damit auch ich ihn verehren kann.«
In Wirklichkeit aber wollte Herodes Jesus töten.

Endlich fanden die Weisen Jesus schlafend in einem Stall, in einer Krippe. Sie wußten sogleich, daß er der erwartete König war. Jeder der Weisen hatte ein Geschenk für Jesus, das sie neben ihm niederlegten: Gold, Weihrauch und Myrrhe.

In dieser Nacht hatten die Weisen einen merkwürdigen Traum. Darin verbot ihnen Gott, zu König Herodes zurückzukehren, da dieser Jesus schaden wolle.

Am nächsten Morgen traten die Weisen ihre Heimreise an. Um Herodes' Palast machten sie einen großen Bogen.

Als die Weisen fort waren, dachte Maria noch einmal an alles, was der Engel zu ihr gesagt hatte. Sie nahm Jesus auf und drückte ihn an sich. Sie wußte, daß er etwas Besonderes war und daß seine Geburt immer als eine Zeit großer Freude gefeiert werden würde.

Das Leben von Jesus

Jesus wuchs in Nazareth auf, wo er bei seinen Eltern lebte. Als er zwölf Jahre alt war, zogen sie mit ihm zum Passahfest nach Jerusalem. Dort blieb er im Tempel und sprach mit den Schriftgelehrten und hörte ihnen zu. Alle waren erstaunt, wieviel er bereits wußte.

Jesus hatte einen Cousin namens Johannes. Als Johannes älter wurde, verließ er sein Heim, um in der Wildnis beim Fluß Jordan zu leben. Dort predigte er Gottes Wort, und bald kamen die Leute, um ihn zu hören und sich taufen zu lassen.

Eines Tages ging Jesus zum Jordan, um sich von Johannes taufen zu lassen. »Willst du mich taufen?« fragte er. »Du solltest besser mich taufen«, erwiderte Johannes, der wußte, daß Jesus der Sohn Gottes war.

Johannes taufte Jesus im Jordan, und als er fertig war, geschah etwas Merkwürdiges. Der Himmel öffnete sich, und der Geist Gottes kam herab in Gestalt einer Taube. Dann hörten die Leute Gottes Stimme sagen: »Dies ist mein lieber Sohn, an dem ich Wohlgefallen habe.«

Nach seiner Taufe wußte Jesus, daß er nun Gottes Arbeit tun mußte. Er zog nach Galiläa und sprach zu den Leuten von Gott. Eines Tages ging er am See entlang und traf zwei Fischer: Simon, genannt Petrus, und Andreas. Da er bei seiner Arbeit Hilfe brauchen würde, sagte er zu den beiden: »Warum kommt ihr nicht mit mir? Gemeinsam können wir den Leuten von Gott erzählen.«
So schlossen sich Petrus und Andreas ihm an.

Jesus traf zwei weitere Fischer namens Johannes und Jakobus. Auch diese gingen mit ihm. Bald hatte Jesus zwölf Männer ausgewählt, die ihm bei Gottes Werk helfen sollten. Sie wurden seine Jünger oder die zwölf Apostel genannt. Es waren Petrus (Simon), Andreas, Johannes, Jakobus, Philippus, Thomas, Bartholomäus, Matthäus, Jakobus, Thaddäus, Simon und Judas Ischariot.

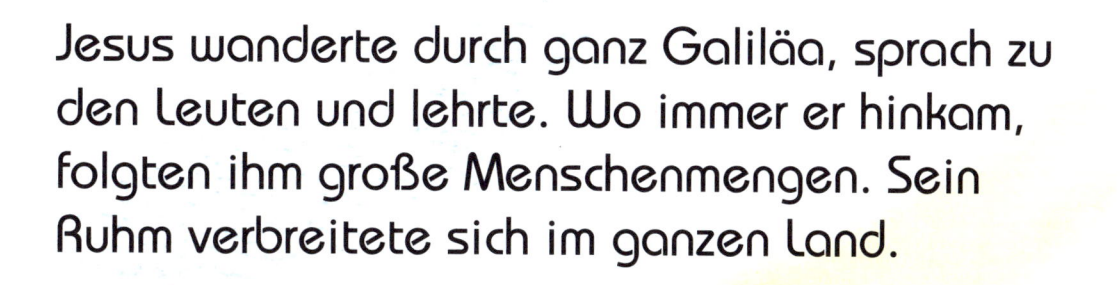

Jesus wanderte durch ganz Galiläa, sprach zu den Leuten und lehrte. Wo immer er hinkam, folgten ihm große Menschenmengen. Sein Ruhm verbreitete sich im ganzen Land.

Wenn Jesus von Stadt zu Stadt reiste, kamen Menschenmengen zusammen, um seine Geschichten zu hören. Diese Geschichten heißen Gleichnisse, und sie helfen den Menschen zu verstehen, wie sie nach Gottes Willen ihr Leben gestalten sollten.

In einer Geschichte ging es um einen reichen Mann, der zwei Söhne hatte. Der ältere war immer fleißig und arbeitete schwer, der jüngere war sehr faul.

Eines Tages sagte der jüngere Sohn zu seinem Vater: »Bitte zahle mir meinen Anteil an dem Geld aus, das ich einmal erben werde.«
Der Vater tat dies, und der jüngere Sohn ging fort.

Doch statt sein Geld weise auszugeben, verschwendete er alles, was er hatte. Er kaufte sich kostbare Kleider und Geschenke, sah sich jedoch nie nach einer Arbeit um. Bald war all sein Geld zerronnen.

Dann brach eine fürchterliche Hungersnot im Land aus. Der Sohn war sehr hungrig, denn er hatte kein Geld mehr für Essen. Er zog umher und suchte nach Arbeit. Ein Bauer ließ ihn seine Schweine hüten. Er war so hungrig, daß er sogar das Futter der Schweine essen wollte.

Da beschloß er eines Tages, zu seinem Vater zurückzukehren. »Ich werde ihn um Vergebung bitten, obgleich ich es nicht länger verdiene, sein Sohn genannt zu werden«, sagte er.

Also kehrte er nach Hause zurück. Als ihn sein Vater sah, war er voller Freude. Er lief ihm entgegen und umarmte ihn.

»Vater, bitte vergib mir«, sagte der junge Mann. »Ich habe gegen dich und gegen Gott gesündigt.«

Der Mann freute sich so sehr, seinen Sohn wiederzuhaben, daß er ein Fest vorbereiten ließ.

Als der ältere Sohn sah, daß sein Bruder zurückgekehrt war, wurde er zornig. »Warum ein Fest?« fragte er seinen Vater. »Mein Bruder hat all sein Geld vergeudet.«

Der Mann sah, wie aufgebracht sein Sohn war. »Ich glaubte, ich hätte meinen Sohn für immer verloren«, antwortete er. »Aber nun ist er wiedergefunden.«

Jesus wollte damit den Leuten zeigen, daß Gott jeden liebt und denen vergibt, die ehrlich bereuen.

Eine andere Geschichte handelte von dem barmherzigen Samariter.

Eines Tages wurde ein Mann auf der Reise von Jerusalem nach Jericho von Räubern überfallen. Geld und Esel wurden ihm gestohlen, er wurde niedergeschlagen und für tot gehalten.

Etwas später kam ein Priester auf dem Weg zum Tempel vorbei. Er sah den Verletzten auf der Straße liegen, doch statt stehenzubleiben und ihm zu helfen, setzte er seinen Weg fort.

Bald kam ein anderer Mann des Weges. Er war ein Levite - jemand, der beim Opfern im Tempel half. Auch er sah den Verletzten auf der Straße liegen, setzte aber seinen Weg fort, ohne auch nur stehenzubleiben.

Etwas später kam ein Mann aus Samaria die Straße entlang. Als er den Verletzten sah, tat er ihm leid, und er wusch seine Wunden mit Öl und Wein. Dann half er ihm auf seinen Esel und brachte ihn zu einem Gasthaus ins nächste Dorf.

»Hier ist etwas Geld«, sagte er zum Wirt. »Pflege diesen Mann gesund. Ich komme bald wieder und bringe dir mehr Geld, wenn es nötig ist.«

Dann fragte Jesus die Menge: »Welcher der Männer war der wahre Freund?«
»Der Samariter«, sagte das Volk.
»Ihr sollt so leben wie er«, sagte Jesus. »Helft immer denen, die sich nicht selbst helfen können.«

Eine andere Geschichte handelte von einem Diener, der seinem Herrn viel Geld schuldete. »Deine Frau, deine Kinder und all dein Land müssen verkauft werden, um mich zu bezahlen«, sagte der Meister.

Der Diener erschrak. »Bitte gib mir etwas Zeit«, bat er. »Ich werde dir alles zurückzahlen, was ich dir schulde.«
Dem Herrn tat der Mann leid, und er erließ ihm die Schulden.

Bald darauf traf derselbe Mann einen anderen Diener, der ihm einen kleinen Geldbetrag schuldig war.

»Bezahl mir, was du mir schuldest«, sagte er. »Bitte gib mir etwas Zeit«, sagte der zweite Diener. Aber der erste ließ diesen ins Gefängnis werfen.

Seine Freunde waren aufgebracht und erzählten dem Herrn, was geschehen war.

Der Herr wurde wütend und rief den Diener zu sich. »Du warst grausam und herzlos. Ich erließ dir deine Schuld; kannst du nicht auch eine Schuld erlassen?«
Und der Diener wurde ins Geängnis geworfen.

Jesus erklärte seinen Zuhörern, daß auch sie lernen sollten, einander zu vergeben.

Eines Tages sprach Jesus auf einem Berg zu einer riesigen Menschenmenge. Jesus lehrte sie viele Dinge und erklärte, wie sie nach Gottes Geboten leben sollten. Jesus rief sie auf, einander zu lieben, Freund und Feind gleichermaßen.

Jesus lehrte sie auch zu beten, in einfachen Worten. Er sagte: »Betet mir nach:

> Vater unser im Himmel,
> geheiligt werde dein Name,
> dein Reich komme,
> dein Wille geschehe
> wie im Himmel, so auf Erden.
> Unser tägliches Brot gib uns heute.
> Und vergib uns unsre Schuld,
> wie auch wir vergeben unsern Schuldigern.
> Und führe uns nicht in Versuchung,
> sondern erlöse uns von dem Bösen.«

Dieses Gebet, das erste, das Jesus die Menschen lehrte, wurde bekannt als Vaterunser.

Jesus tat auch viele Dinge, die gewöhnliche Menschen nicht können. Wir nennen das »Wunder«. Eines der ersten Wunder geschah bei einer Hochzeitsfeier im Dorfe Kanaan. Auch Maria, die Mutter von Jesus, war dort. Während das Fest in vollem Gange war, ging der Wein aus.

»Es gibt keinen Wein mehr«, sagte Maria. »Kannst du helfen? Der Bräutigam und seine Familie befürchten, daß das ganze Fest verdorben wird.«

Jesus bemerkte eine Reihe leerer Wasserkrüge. »Füllt diese Krüge mit Wasser«, sagte er zu den Dienern, »und dann schenkt den Gästen ein.«

Die Diener taten, was er gesagt hatte. Beim Ausschenken merkten sie, daß nicht Wasser, sondern Wein in die Becher floß.

»Die meisten Leute servieren den besten Wein zuerst«, sagte ein Gast zum Bräutigam. »Du aber hast den besten Wein bis zum Schluß aufbewahrt!«

Eines Tages versammelten sich viele Leute um Jesus, der in einem Haus predigte. Vier Männer kamen dorthin. Sie trugen ihren Freund, der sich nicht bewegen konnte. Vergeblich versuchten sie, durch die Menge zu gelangen. Plötzlich hatte einer eine Idee: Er stieg auf das Dach des Hauses und machte ein Loch hinein, groß genug für seinen kranken Freund. Dann trugen alle vier Freunde den Kranken auf das Dach und ließen seine Trage mit einigen Seilen direkt vor Jesus herab.

Jesus gefielen die vier Freunde. Er sah, daß sie an ihn glaubten. Und dann sahen alle erstaunt, wie Jesus den Lahmen heilte. »Steh auf und geh!« sagte Jesus.

Der Mann stand auf und ging voller Freude davon.

Nach diesem Wunder strömten viele Leute mit ihren Familien und kranken Freunden zu Jesus. Jesus heilte viele Menschen, sogar Leprakranke, vor denen sich alle fürchteten. Eines Tages kam ein Leprakranker zu Jesus. Die Leute wollten nichts mit ihm zu tun haben, denn sie hatten Angst, sich anzustecken. Jesus wußte, daß Leprakranke noch nicht einmal zum Beten in den Tempel durften, und er wußte, daß dieser Mann darunter litt. Der Kranke sagte: »Ich weiß, daß du mich heilen kannst.« Als Jesus sah, daß er an ihn glaubte, heilte er ihn.

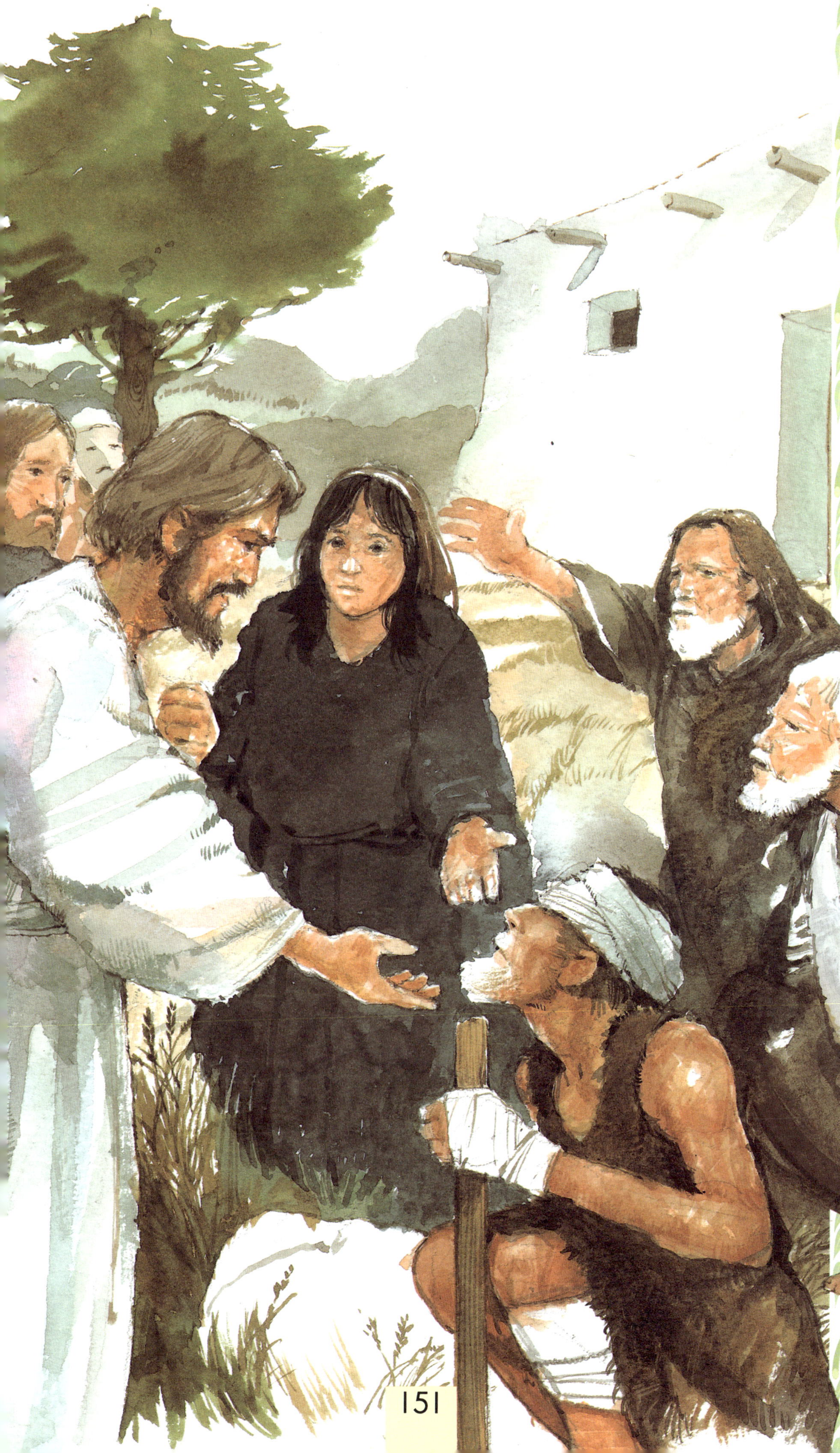

An einem anderen Tag kam ein römischer Soldat zu Jesus. Er hatte einen Sklaven, der sehr krank war. »Er ist ein guter Mann. Ich will nicht, daß er stirbt«, sagte der Soldat.

Jesus wollte zu dem Kranken gebracht werden, aber der Soldat sagte, er glaube, daß Jesus nur das Wort zu sagen brauche, und der Mann würde nicht sterben. Jesus war überrascht von dem starken Glauben des Soldaten und sagte ihm, er solle nach Hause gehen. Er werde den Sklaven gesund vorfinden.

Als sie einmal den ganzen Tag gepredigt hatten, waren Jesus und die Jünger sehr müde. Sie wollten sich ausruhen und überquerten den See in ihrem Boot. Als die Leute das sahen, gingen sie rings um den See herum, und als das Boot landete, warteten bereits Tausende Menschen auf Jesus.

Jesus wußte, wie sehr ihn die Menschen brauchten. Er setzte sich hin und sprach zu ihnen.

Am Abend sagten die Jünger zu Jesus: »Es ist Zeit für eine Pause. Die Leute sollen fortgehen, aber es gibt kein Gasthaus und nichts zu essen für sie.«

»Dann müssen wir sie ernähren«, sagte Jesus. »Das geht nicht«, sagte einer der Jünger. »Es sind wohl fünftausend Leute hier!«

»Fragt, ob irgendwer Nahrung dabeihat«, sagte Jesus. »Und dann bringt ihn zu mir.«

Bald wurde ein kleiner Junge zu Jesus geführt. »Ich habe fünf Brotfladen und zwei Fische«, sagte er, »die kannst du haben.«

Jesus lächelte und sagte: »Ich danke dir.«

Die Jünger teilten die Menschenmenge in Gruppen zu je fünfzig. Dann hielt Jesus das Essen für alle sichtbar hoch und lobte und dankte Gott dafür.

Dann teilte Jesus an jeden Jünger etwas Brot und Fisch aus. Niemand verstand, warum, doch nachdem jeder zu essen bekommen hatte, war für den nächsten immer noch genug da. Alle wurden satt, und das von fünf kleinen Brotfladen und zwei Fischen.

Nach der Speisung der fünftausend Menschen schickte Jesus alle nach Hause und ging den Berg hinauf zum Beten. Die Jünger ruderten inzwischen über den See zurück. Jesus betrachtete das Boot vom Berg aus und sah, wie es gegen den Wind kämpfte. Er stieg hinab, um seinen Jüngern zu helfen.

Jesus ging über das Wasser auf das Boot zu. Als die Jünger ihn sahen, hielten sie ihn für einen Geist.
»Ich bin's!« rief Jesus. »Fürchtet euch nicht.«
»Wenn du das wirklich bist«, sagte Petrus, »laß mich zu dir kommen.«

Also begann auch Petrus auf dem Wasser zu gehen. Aber der Wind war sehr stark, und Petrus begann zu versinken.
»Herr, hilf mir!« schrie er.

Jesus streckte die Hand aus und rettete Petrus. »Warum hast du mir nicht vertraut? Hast du keinen Glauben?« fragte er.

Als sie in das Boot stiegen, ließ der Wind nach.

Viele Menschen begannen zu glauben, daß Jesus der Messias sei, der Sohn Gottes. Jesus sprach mit den Leuten und hörte ihnen zu. Er antwortete auf ihre Fragen mit leicht verständlichen Geschichten. Mütter brachten ihre Kinder zu Jesus, damit er sie segnen konnte.

Die Jünger dachten, daß Jesus zu wichtigeren Leuten sprechen sollte als zu den Kindern, aber Jesus erklärte ihnen, daß niemand so wichtig sei wie die Kinder. Er sagte ihnen, sie sollten die Kinder zu ihm kommen lassen, und er sprach mit ihnen, hielt sie und segnete sie.

Für Jesus waren die Kleinen etwas ganz Besonderes.

Bald war es Zeit für das Passahfest, das Fest, das alle Juden feierten. Jesus wollte dazu nach Jerusalem gehen. Er bat zwei Jünger: »Bringt mir einen Esel, auf dem ich reiten kann.«

So ritt Jesus auf dem Rücken eines kleinen Esels in die große Stadt Jerusalem ein.

Die Leute jubelten und riefen: »Hosianna! Der Sohn Gottes ist hier!« Sie warfen Zweige und Blätter vor seine Füße, die sie von Palmen abgerissen hatten. Jeder freute sich, daß Jesus angekommen war.

Am nächsten Tag ging Jesus in den Tempel, um zu beten. Dort traf er Händler, die ihre Waren und Tiere verkauften, und auch Geldwechsler, die armen Leuten Geld abnahmen. Jesus wurde sehr zornig.

Er warf alle Tische um und jagte die Händler und ihre Tiere aus dem Tempel. »Es steht geschrieben«, rief er, »mein Haus soll ein Ort des Gebets genannt werden. Ihr habt daraus eine Räuberhöhle gemacht!«

Die Oberpriester mochten Jesus nicht. Sie fanden, die Leute sollten nur auf sie hören, und waren beunruhigt, daß er so viele Anhänger hatte. Schon lange hatten sie überlegt, wie sie ihn am besten loswerden könnten. Kaiphas, der Hohepriester des Tempels in Jerusalem, meinte, sie sollten Jesus gefangennehmen und an die Römer ausliefern.

Während sie sich besprachen, wie sie Jesus loswerden konnten, trat Judas Ischariot zu ihnen. »Wieviel gebt ihr mir, wenn ich Jesus an euch verrate?« Sie gaben ihm dreißig Silberstücke dafür, daß er Jesus verriet.

Zur Feier des Passahfestes wollte Jesus mit seinen Jüngern das letzte Abendmahl einnehmen. Er wußte, daß er verraten und zum Tode verurteilt werden würde. Er sagte ihnen, daß ihn einer von ihnen verraten werde, aber sie glaubten ihm nicht. Jesus wusch seinen Jüngern die Füße, um ihnen zu sagen: »Liebt euch und sorgt füreinander, wie ich euch geliebt habe.«

Dann sprach Jesus den Segen. Er pries Gott, als er das ungesäuerte Brot brach. Er gab es seinen Jüngern und sagte: »Dies ist mein Leib, den ich euch gebe.« Er schenkte den Wein aus und sagte: »Dies ist mein Blut, das für viele vergossen wird.«

Jesus würde sein Leben für die Menschen opfern, damit ihre Sünden vergeben würden.

Nach dem Mahl verließen alle das Haus und gingen zum Ölberg. Dort ging Jesus in den Garten Gethsemane zum Beten und nahm Petrus, Jakobus und Johannes mit sich. Er bat sie, Wache zu halten, während er betete. Jesus war sehr beunruhigt und sagte zu Gott: »Mein Vater, wenn es möglich ist, laß diesen Kelch an mir vorübergehen.« Jesus wollte nicht sterben, aber er wußte, daß Gottes Wille geschehen mußte.

Jesus kehrte zu den Jüngern zurück, doch sie schliefen. Er weckte sie und sagte zu Petrus: »Konntet ihr nicht einmal eine Stunde lang wachen?« Er bat sie, zu beten und erneut Wache zu halten.

Dann ging er tiefer in den Garten hinein und betete wieder. Jesus sagte: »Mein Vater, wenn es keinen anderen Weg gibt, so geschehe dein Wille.« Er kehrte zu den Jüngern zurück und weckte sie erneut. Da hörte er den Lärm vieler herankommender Leute und wußte, daß er jetzt verraten worden war.

Viele Menschen betraten den Garten, bewaffnet mit Schwertern und Keulen. Judas trat zu Jesus, begrüßte und küßte ihn. Judas hatte zuvor den Priestern gesagt, daß derjenige, den er küßte, Jesus sein werde, der Mann, den sie festnehmen wollten.

Sie nahmen Jesus fest und fesselten seine Hände. Seine Jünger waren geflohen, und Jesus war allein mit seinen Feinden. Diese führten ihn zu Kaiphas, dem Hohepriester.

Kaiphas sah Jesus an und fragte ihn, ob er der Sohn Gottes sei. Jesus antwortete: »Du sagst, daß ich das bin.«

Die Priester sagten, Jesus habe behauptet, Gottes Sohn zu sein, und verdiene zu sterben. Sie konnten Jesus aber nicht töten, denn damals wurde Judäa von den Römern regiert.

Also brachten sie Jesus zum römischen Statthalter Pontius Pilatus und erzählten ihm, was Jesus gesagt hatte.

Pilatus hörte zu. Dann fragte er Jesus, ob er der König der Juden sei. Jesus antwortete: »Du hast das gesagt.«

Pilatus hörte, daß Jesus aus Galiläa stammte, der Provinz des Königs Herodes. Er sagte den Priestern, Herodes solle Jesus verurteilen.

Also wurde Jesus zu Herodes gebracht, aber der wollte auch nicht über ihn urteilen. Jesus wurde wieder zu Pilatus zurückgebracht.

Wieder wurde er Pilatus vorgeführt und von diesem verhört, aber dieser konnte keinen Grund finden, warum Jesus den Tod verdient hätte. Die Menge draußen schrie: »Kreuzigt ihn! Kreuzigt ihn!«

Pilatus verlangte ein Wasserbecken und wusch sich vor der Menge die Hände. Er sagte: »Ich will damit nichts zu tun haben, ihr seid verantwortlich«, und er lieferte Jesus aus.

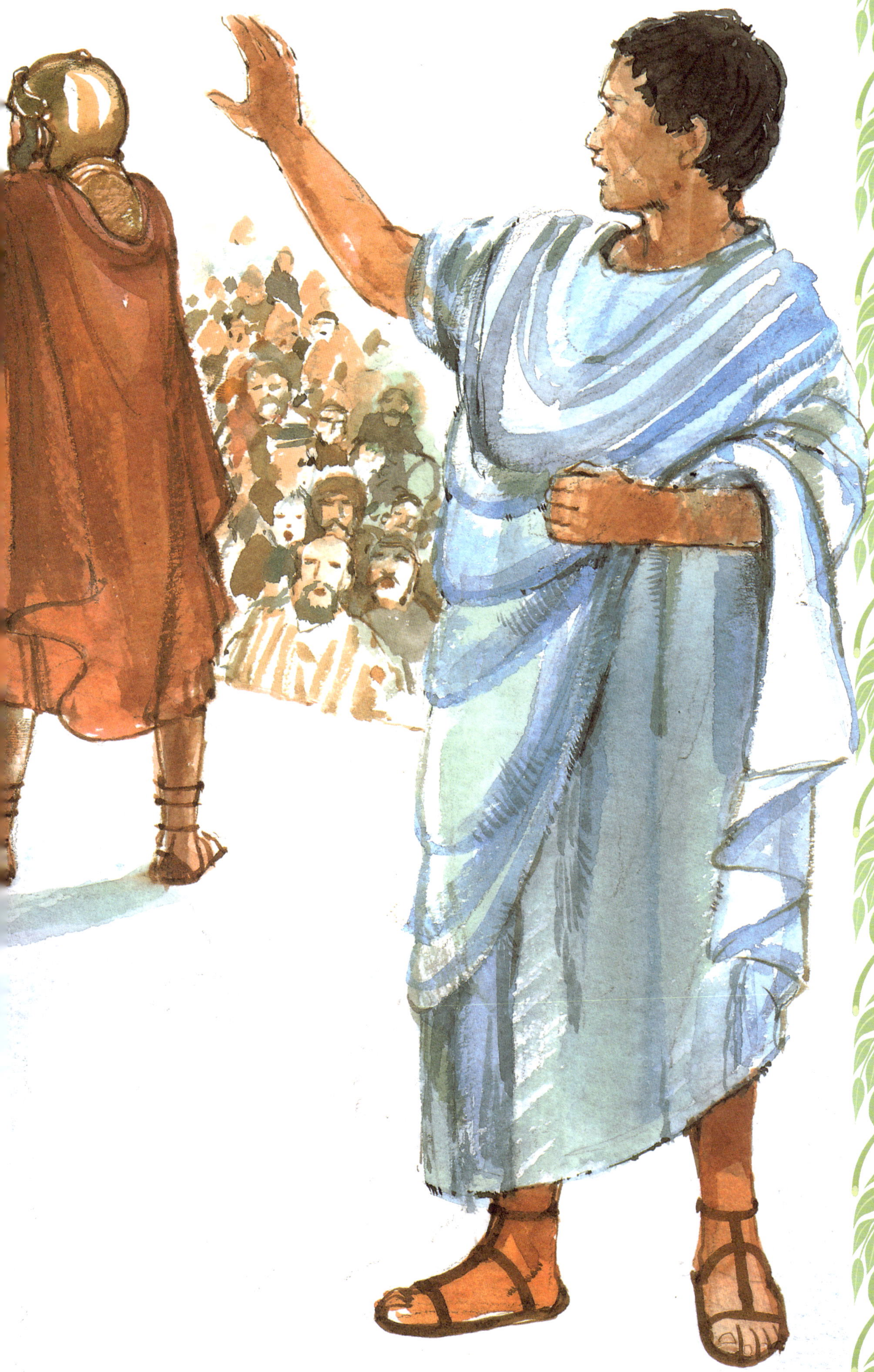

Die römischen Soldaten führten Jesus ab. Sie schlugen ihn und setzten eine Dornenkrone auf seinen Kopf. Sie verspotteten ihn, spuckten ihn an und sagten: »Heil dir, König der Juden!«

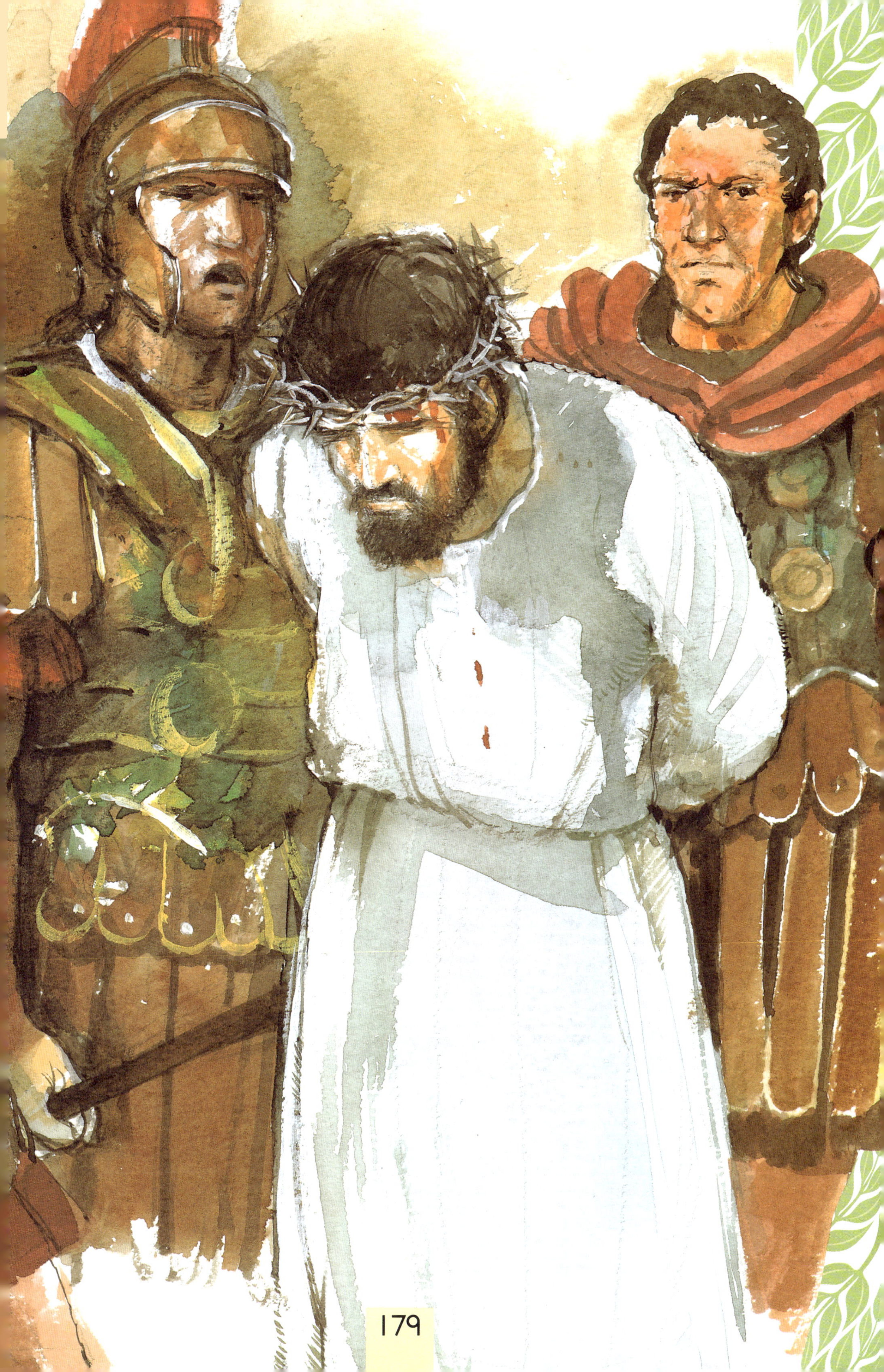

Jesus wurde vor die Stadt an einen Ort namens Golgotha gebracht. Er mußte dabei das Kreuz, an dem er gekreuzigt werden sollte, selbst tragen. Nach den Schlägen war er aber schon so schwach, daß er mehrmals unter der Last des schweren Kreuzes zusammenbrach. Einem Mann namens Simon von Kyrene wurde von den Soldaten befohlen, Jesus zu helfen.

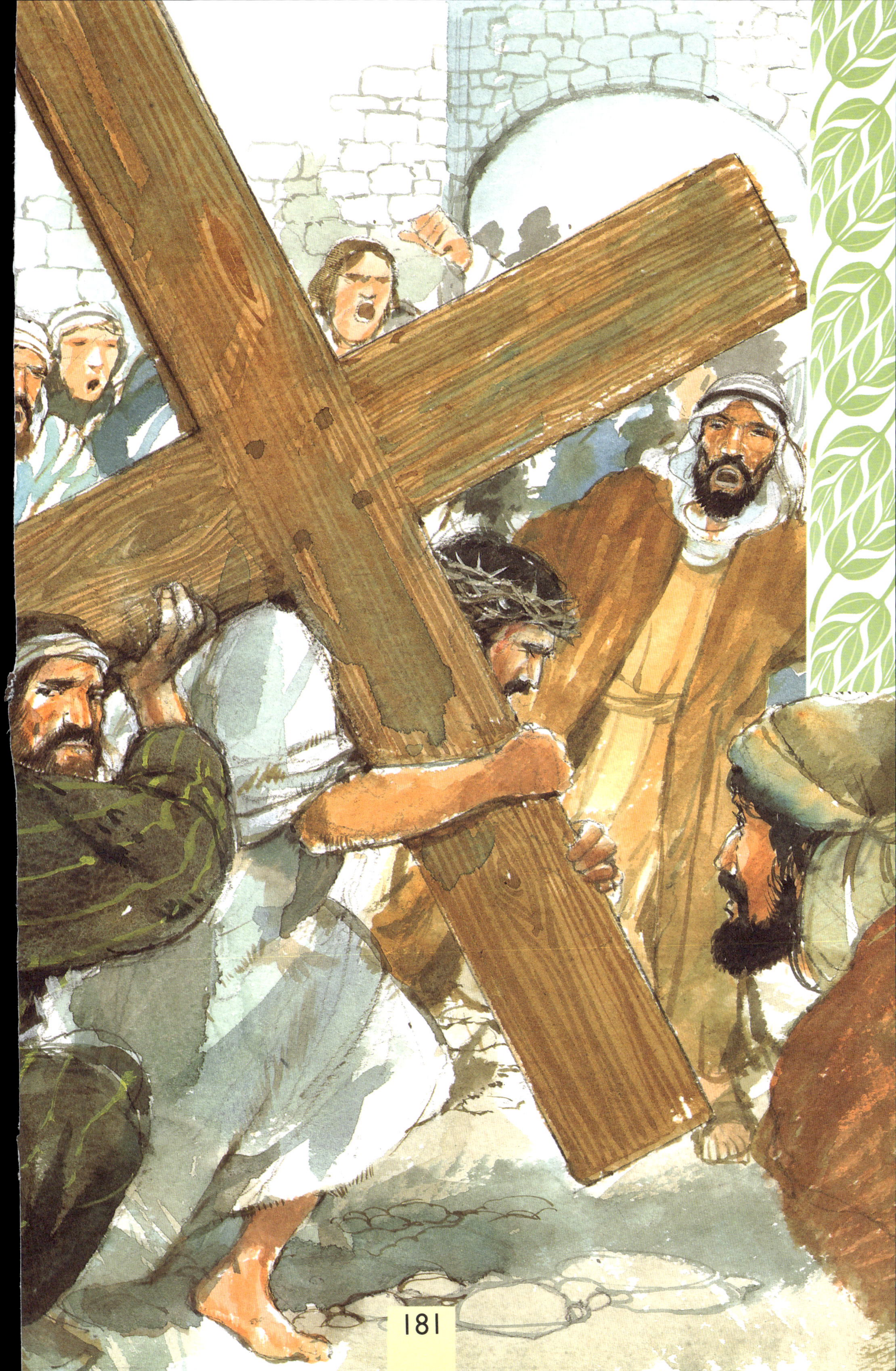

Die Soldaten nagelten Jesus mit Händen und Füßen ans Kreuz. Jesus betete: »Vater, vergib ihnen, denn sie wissen nicht, was sie tun.«

Sie fügten eine Inschrift hinzu, die lautete: »Jesus von Nazareth, König der Juden.« Zwei Diebe wurden mit ihm gekreuzigt.

Die Soldaten losten um die Kleider von Jesus. Die Anführer verspotteten ihn: »Andere hat er gerettet; soll er sich doch selbst retten, wenn er der Messias ist. Komm herunter vom Kreuz, daß wir sehen und glauben können!«

Die Soldaten verspotteten ihn auch, boten ihm sauren Wein an und sagten: »Wenn du der König der Juden bist, rette dich selbst!«

Johannes, ein Jünger, stand dabei und tröstete Maria, Jesus' Mutter. Es war Morgen gewesen, als Jesus gekreuzigt wurde. Zu Mittag überzog Finsternis das ganze Land. Um etwa drei Uhr nachmittags schrie Jesus auf: »Mein Gott, mein Gott, warum hast du mich verlassen?«

183

Jesus schrie ein zweites Mal: »Vater, in deine Hände lege ich meinen Geist.« Und dann stöhnte er: »Es ist vorbei.« Danach starb Jesus.

In diesem Moment begann die Erde zu beben, und der Tempel wurde von oben nach unten in zwei Teile gespalten. Die Soldaten erschraken, und einer von ihnen sagte: »Wahrlich, dieser Mann war Gottes Sohn.«

Als es Abend wurde, ging ein Mann namens Joseph von Arimathäa zu Pilatus und fragte, ob er den Körper von Jesus vom Kreuz nehmen dürfe. Pilatus wunderte sich, daß Jesus schon tot war, und fragte seine Soldaten, ob das stimmte.

Er erfuhr, daß einer der Soldaten Jesus' Seite mit dem Speer durchbohrt hatte, als er noch am Kreuz hing, daß dieser da aber schon tot war. Da ließ Pilatus den Leichnam an Joseph übergeben.

Joseph nahm den Leichnam vom Kreuz ab und wickelte Jesus in ein Leinentuch. Frauen, die Jesus aus Galiläa gefolgt waren und die Kreuzigung gesehen hatten, balsamierten den Körper mit Kräutern ein. Dann wurde Jesus in ein Grab gelegt, das in den Felsen gehauen war. Sie rollten einen großen Stein vor den Eingang des Grabes. Am nächsten Tag war Sabbat, und jeder ruhte nach Gottes Gebot.

Am nächsten Tag gingen Maria Magdalena und Maria, die Mutter des Jakobus, zum Grab. Plötzlich gab es ein heftiges Erdbeben, und ein Engel rollte den Stein vor dem Eingang zurück. Er sagte: »Fürchtet euch nicht, denn ich weiß, daß ihr Jesus sucht, der gekreuzigt wurde. Er ist nicht hier, denn er ist auferstanden.« Das Grab war leer. Der Engel sagte Maria Magdalena, sie solle die Jünger nach Galiläa schicken, denn dort werden sie Jesus sehen.

Die Jünger gingen nach Galiläa, wo sie Jesus sahen. Er sagte ihnen, daß er immer bei ihnen sein werde und daß sie gehen und die Menschen alles lehren sollten, was er sie gelehrt hatte. Jesus befahl ihnen, Gottes Wort zu allen Völkern zu tragen.

Jesus führte die Jünger bis nach Bethanien, hob seine Hände und segnete sie. Dann erhob er sich in den Himmel.

Die Jünger taten, wie Jesus ihnen geheißen hatte. Sie verbreiteten Gottes Wort auf der ganzen Welt.

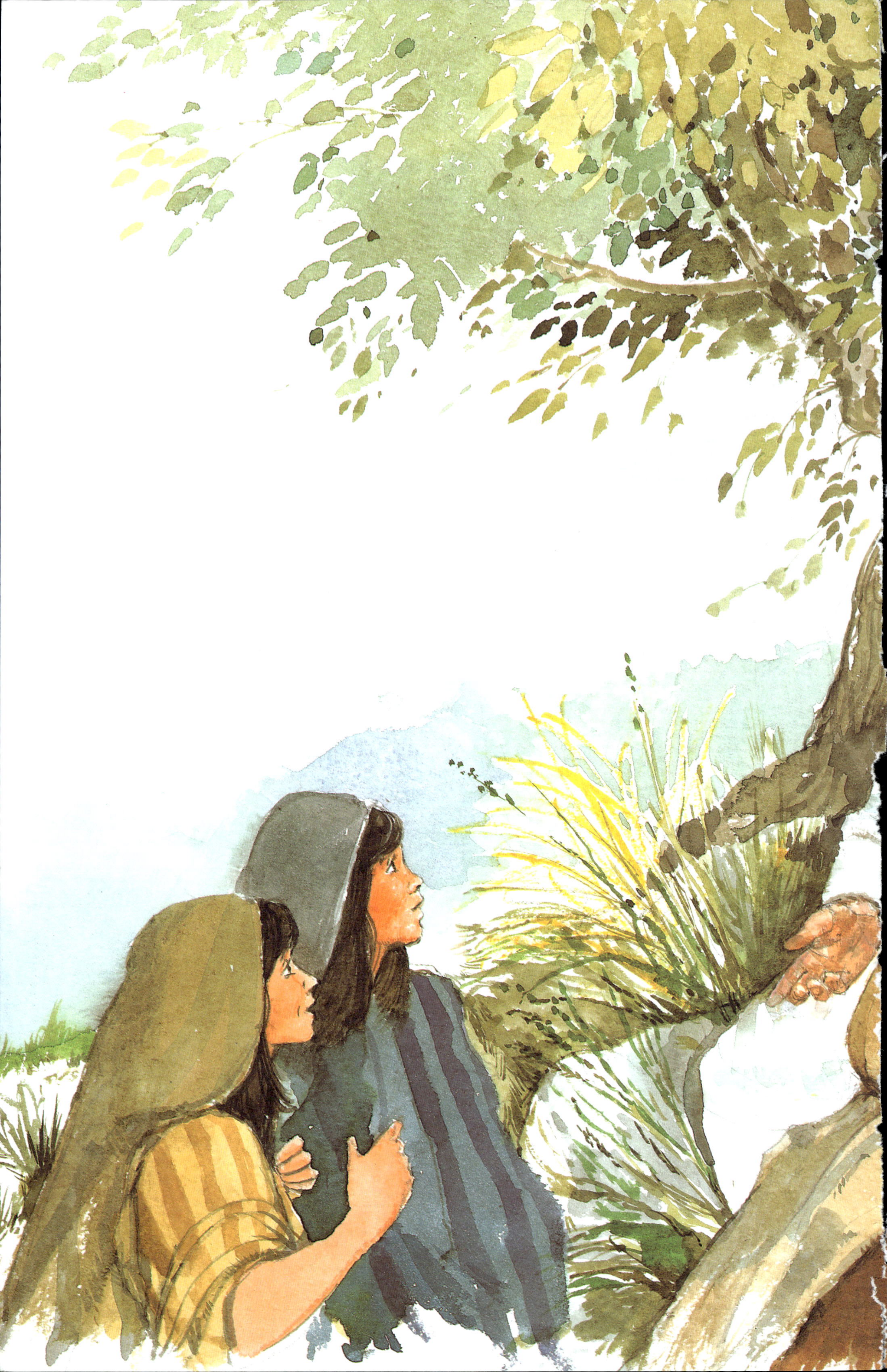